U0566281

Martin Jehne

恺撒

CAESAR

〔德〕马丁·耶内 / 著

黄霄翎 / 译

社会科学文献出版社

SSAP
SOCIAL SCIENCES ACADEMIC PRESS (CHINA)

第一章　上了贼船？

　　没人会在公元前81年想到19岁的盖尤斯·儒略·恺撒（Gaius Iulius Caesar）日后会前途无量，就连怀疑他是否还有前途也是合理的，因为当时恺撒正在逃亡。他化装成平民连夜逃出罗马，因为怕被人出卖，不顾自己高烧未退，频繁更换藏身之处。可最后杀手还是找上门来，恺撒只好使出最后一招：献上一大笔买命钱，在他看来，伴随了他一生的好运这时发挥了奇效：杀手们盗亦有道，收钱留人。恺撒活了下来，不过还未完全脱险，直到他的豪门亲戚说服威风八面的独裁者苏拉饶了这个无足轻重的毛头小子，他才能略感安心。

那么恺撒是如何惹上杀身之祸的呢？前 82 年 11 月 1 日，卢基乌斯·科尔内利乌斯·苏拉（Lucius Cornelius Sulla）在科林门（罗马的一扇城门）战役中获胜，打赢了一场血腥内战。由于苏拉开战前就宣布将消灭现政权及其党羽，被苏拉之敌控制了五年的罗马和意大利完全有理由在胜利者苏拉面前发抖。而苏拉果真将报仇雪耻和消灭国家公敌（他觉得这两项目标基本上是同一回事）视为己任，铁腕落实。

世人怀疑正是苏拉发明了公敌宣告黑名单（proscriptio）。该词原意只是把某样东西写下来并公布，就是一份普通名单，可到了苏拉那儿就平添了一层骇人的含义：上名单者被视为人人可以诛杀的国家公敌，杀手不必受罚，反而有赏，"公敌"的资产则被没收。首批黑名单公布前，杀戮就已开始。公布黑名单的主要目的显然是让那些暂时幸免者松一口气。但是目标群体的清晰界定并未减轻政治恐怖的可怕程度，恰恰相反，白纸黑字地公布杀戮名单这种坚定冷静的做派进一步强化了恐怖，难怪无论古今，世人谈到苏拉时总是想到黑名单，而忘却苏拉政权实施国家重大改革的积极层面。

而恺撒不幸正好站在败将这一边。加入苏拉的对立面并非恺撒主动做出的一个政治决策，而只是因为亲戚关系。曾将罗马从西姆布赖人（Cimbri）和条顿人（Teutoni）之祸中解救出来并七次担任国家最高官职"执政官"（consul）的大人物盖尤斯·马略（Gaius Marius）是苏拉的宿敌，也是恺撒的姑父。马略和恺撒虽只是姻亲，但毕竟沾亲。属于曾掌控政权的罗马少数氏族贵族（patricius）的儒略家族甘心把女儿下嫁给马略这样一个老兵和新贵，可见已然辉煌不再。恺撒的直系祖先没能做到执政官的高位。前四世纪，罗马贵族被迫向平民（plebeian，即不属于氏族贵族的公民）开放公职，自此，担任每年选出两名的执政官一职成为官员从平民升格为显贵（nobilis）的主要途径。出过执政官的家族构成显贵阶层，成员有望飞黄腾达甚至也当上执政官。不过针对氏族贵族和平民的游戏规则有所不同，即使家族一直不出执政官，氏族贵族也能享受显贵待遇。但是，由于有助于显贵在激烈的高位争夺战中胜出的并非以某种方式形成的法律资格，而是祖先靠丰功伟绩赢得的声望和人脉，因此，在竞选令人心仪的高位时，候选人是能够提到选民记忆犹新的父祖辈执政官，还是只能从远古史册中挖掘家族荣耀，两者差别巨大。所以像恺撒的父亲这种氏族贵族的机会虽然不像家族中别说执政官，就连个元老院成员都没出过的平民姐夫马略当年那样渺茫，但恺撒之父的仕途辉煌也绝非与生俱来，纵然他在前92年做到了公职的第二高位"司法官"（praetor），不过就算他前85年不死，是否还能当上人人垂涎的执政官，也很难说。

恺撒的父亲在多大程度上受益于名人马略，我们无从得知，但是儒略家族接纳人气极旺的马略肯定是明智之举。而对马略来说，这位氏族贵族女子无疑是他的良配，因为她代表了上流社会对他的认可。恺撒的父亲则娶了奥勒留家族的一个姑娘——前平民执政官卢基乌斯·奥勒留·科塔（Lucius Aurelius Cotta）之女，也实现了对仕途大有裨益的联姻。不言而喻，有志从政的罗马家族的联姻重点在于有益仕途，但是有两个目标很难兼顾：门第（通常关乎政治影响力）和财富。由于仕途支出已成为潜在的败家因素，通过迎娶富家女来重振家业常常成为必要手段。这种富家千金可以在上流社会的骑士阶级（仅次于人数很少的元老阶级）中找到。攀上贵亲的恺撒之父在儿子的婚事上显然改变了策略，他替儿子和康苏夏（Cossutia）订了婚，亲家是个富有的骑士。父亲过世后，政治发展出现崭新的机遇，恺撒的家族才放弃经济优先原则，转而追求显赫门庭和直接政治优势的路线：少年恺撒与康苏夏的婚约被解除，前84年，恺撒娶了卢基乌斯·科尔内利乌斯·秦纳（Lucius Cornelius Cinna）之女科涅莉亚（Cornelia）。

16岁的恺撒就这样成了统治罗马整整两年的秦纳（和前82年以后的苏拉相似）的女婿。秦纳篡位其实是主要由马略受挫引起的前88年内战的产物。当时，马略靠攻打努米底亚人（Numidian）、西姆布赖人和条顿人所摘得的胜利月桂在罗马恶劣的政治气候中凋谢了。前88年，马略最后一次试图靠大规模征伐回归罗马豪门一线，结果引发了灾难性的连锁反应：公民大会通过了一项奇特的决议，派马略攻打入侵小亚细亚行省的本都（Pontos）国王米特里达梯斯（Mithradates），全然不顾当值执政官苏拉此前已经正式获得此役的指挥权。于是，不甘心错过荣立不朽军功良机的苏拉在罗马起兵追杀马略及其随从，马略侥幸脱险，逃亡北非。但是苏拉前往东方征伐后，他在罗马颁布的规定没能存活很久。前87年秋天，马略率领一支私人军队满腔怒火地返回罗马，当时意大利已经陷入一场新的内战：苏拉一派的执政官盖尤斯·奥克塔维乌斯〔Gaius Octavius）对阵共同执政官秦纳。秦纳在几件违反苏拉指令的争议事项上出了风头，但是在内战中暂时落败，被迫离开罗马。不过机灵的秦纳迅速学会了苏拉武力征服家乡的新战略，说服了几个罗马军团（legio）随他进军罗马，把国家从一小撮人的专制统治中解放出来。不出意料，秦纳和马略联手获胜并于前86年一同出任执政官，不过马略在这第七次出任执政官后不久就去世了。

秦纳则从前87年至前84年连任四届执

政官，四届共同执政官也都是秦纳的同党，这实际上是帮派统治（dominatio，帮派为"factio"）。持此观点的罗马人必然得出共和国（res publica）已然名存实亡的结论。罗马人认为共和国必须保持传统形象，即每位公民根据自己的阶层享有一定的自由，而国家机构在此框架内各司其职。如果像秦纳时代一样，统治阶层成员不再有机会将担任执政官作为人生最高目标，因为此职已被某个人及其同党垄断，那就算不上共和国了。而这种局面的受益者自然会持不同观点，比如靠亲戚关系突然进入统治集团核心圈的恺撒家族显然并不忌讳利用这种优势。

迎娶科涅莉亚后不久，这桩姻缘就结出了硕果：恺撒被任命为最高神朱庇特（Jupiter）祭司（flamen Dialis）。朱庇特祭司无疑属于罗马宗教界众多神职中最荣耀的职位，专门由氏族贵族担任，不仅能在最显赫的位置上主持朱庇特祭礼，在民众面前大放异彩，也能像执政官一样坐高官折叠椅（sella curulis）、穿紫边白色托加长袍（toga praetexta），并参加元老院会议。不过担任朱庇特祭司者根本无法考虑争取罗马国家高官职位，因为此职禁忌太多，比如不得宣誓、不得离开罗马（连一夜都不行）、不能见刀兵，更不能见尸体。基于这种种繁文缛节，朱庇特祭司显然无法领军。但是由于军功在罗马会带来最高声望并由此为获得权势铺平道路，所以朱庇特祭司尽管有些影响力，但威望通常不及军队统帅。因此，对于恺撒这种在政治军事领域雄心勃勃的人来说，担任此职或许代表年轻有为，但他绝不会志得意满。恺撒为何要去当朱庇特祭司，我们不得而知。可能因为他还年轻，自己做不了主，得遵守家族的规矩；也可能他指望能够在有必要时解除禁忌，就像在该职位上已数次发生的那样。无论如何，氏族贵族青年恺撒显然是秦纳一派看中的朱庇特祭司人选，而恺撒本人乐意效劳。

前 84 年，秦纳死于兵变，这起先似乎并未影响到恺撒，但是前 82 年底苏拉夺权后，对于恺撒来说，形势至少变得复杂了。虽然恺撒不算苏拉的敌人，也并未在决策岗位上与苏拉做对，但是由于血统、婚姻和神职的缘故，恺撒正好处于苏拉发誓要残酷报复的群体的中心。

不过苏拉倒没有径直将恺撒列入公敌名单，或许他认为青年恺撒在现职上作为有限，分量不重。苏拉只要求恺撒同科涅莉亚离婚。治国安邦的独裁者和罗马全境统治者苏拉要求恺撒用此举给出一个愿意脱离旧圈子、融入新体系的明确信号，但是恺撒不配合，他峻拒与秦纳之女分手。

恺撒的态度非常惊人。当然，对人的期望在很大程度上取决于不同社会不同时代大相径庭的行为准则，比如不能用衡量二十世纪德国历史的标准来衡量恺撒拒绝离婚的举动。但是即使用这一标准来衡量，恺撒的拒不从命也令人震撼。当纳粹时代"雅利安人"被劝说抛弃犹太配偶时，部分人服从了，这些人的行为即使我们可以谅解，但是在道德上肯定是卑下而非高尚的。我们的判断既可以基于普遍人性也可以基于具体的违规界定，因为五十多年前的道德规范和今天并无二致：婚姻即使并非长久的爱情，也是一个理当同甘共苦的互信联盟。而当年那些坚守婚姻的人值得我们无上钦佩，因为他们没有在巨大的压力下抛弃处境艰难的配偶。不过这些人至少有一个无法随便摒弃的社会和道德规范可以作为自己的行为标准。而若是研究恺撒时代罗马的社会习俗和价值观，就会发现这种行为规范当时并不存在。罗马上流社会成员年轻时就频繁嫁娶，离婚是在法律和程序上都简单易行的家常便饭，而且婚姻旨在得到合法后代、保障或增加家族财富、建立并稳固政治关系，因此至少挑选首个配偶时并不征求少男少女本人的意见，父母往往自小就给他们订婚，在十三至十六岁之间完婚。众人期待夫妻之间产生一种互敬互让的关系，若能发展出深层感情则只是巧合，而且如果突然另一段姻缘似乎更有利于家族利益，那么家族也并不会顾及夫妻感情。这就是恺撒不肯抛弃发妻的社会环境，虽然发妻不仅给他带来了长此以往有害无益的政治关系，还难以创造资金收益，因为她的家产已作为公敌宣告的附带处罚被没收，而且恺撒无疑有理由认为自己有能力另外娶妻生子（结果他后两次婚姻没有子女）。也就是说，按照罗马标准，恺撒没有理由维持与科涅莉亚的婚姻。支持这桩婚姻的只有两条与科涅莉亚本人并不相干的行为准则：骄傲的显贵从不屈从他人；一个恩主（patronus）有责任保护亲友。在此事上，恺撒首次表现出超强的自信心和恩主责任感。

那么苏拉作何反应呢？拒绝融入新体系的恺撒失去了担任朱庇特祭司的资格。苏拉由此给了恺撒追求传统军政前程的自由，最终恺撒毁掉了苏拉费尽心力才安定下来的共和国，这无疑是命运开的一个特大玩笑。不过恺撒因抗命而面临的危险绝没有随着撤职而消失。相反，史料记载恺撒被迫离开罗马，至少部分家产被没收，并受到苏拉黑名单杀手的追击。恺撒是否真被列入黑名单，史无记载，但即使他幸免于此，也绝不会感到安全，因为这一手续随时可以补上，在上峰暗示的死刑被执行后再补都行。这群残酷无情的赏金猎人行事粗放，而苏拉放手让他们去干。因此，当恺撒被苏拉的一队杀手追到时，他是否真在黑名单上对他来说毫无差别。结果恺撒运气好，杀手先生们对他付的一万两千第纳尔（denarius）表示满意，放了他。

后来苏拉显然向逃亡的恺撒发出了某种赦免令，恺撒离开意大利，前往罗马帝国东部，在一位行省总督的班子里找到了容身之处，并首次得到积累作战经验的机会。其间恺撒以英勇无畏脱颖而出，荣获与门第无关的最高奖项"公民桂冠"，这是专门颁发给在战斗中拯救战友生命的军人的。恺撒还奉命执行外交任务，请求比提尼亚（Bithynien）国王尼科梅德（Nikomedes）派出一支船队支援。恺撒和尼科梅德之间发展起来的友好关系很快就引出了他们俩是同性恋人的传言，这一点是否属实，无据可查。起因也许只是恺撒对尼科梅德和王室事务竭尽殷勤，超出了朋友和恩主的本分，才导致毒舌声称背后另有文章。恺撒尽恩主之责极其用心，这一点我们可以从他的早年作为中判断基本可信，但是古人不一定能够理解。不过其实这桩轶事是否属实并不重要，至少对罗马政治而言无关紧要。因为只要被议论的人不是自己，花边新闻人人喜欢，而且也适合用来抹黑当事人，是职场竞争的惯用手段。在这种情况下，若是恺撒一反常态地强烈回应，那只会增强这桩轶事的吸引力。

其间，苏拉在罗马辞去独裁官职务，于前

79 年退休。据说恺撒后来因此批评苏拉是个政治盲。其实退休后的苏拉仍然是一股需要重视的潜在力量，所以恺撒直到获悉苏拉去世才返回意大利。大统治者一死，势必重新洗牌。果然，新任执政官马库斯·埃米利乌斯·雷必达（Marcus Aemilius Lepidus，前78年上任，也称老雷必达）大举攻击苏拉建立的秩序。马略和秦纳的近亲也有望晋升的政治条件形成了，于是恺撒重返罗马。生存危机和政治边缘化时代业已过去，赌局正式开场了。

第二章　艰难跋涉——通往执政官之路

　　每个元老院成员的后代都有走仕途的天然义务，而仕途又与高级军职紧密相连。唯有走这条路才能光宗耀祖。经济、艺术、科学和体育等领域虽然也能获得杰出成就，但是对元老院子弟来说不是太寒酸就是太平凡。因此恺撒这种门阀子弟无须决定从政，也无须信仰某种愿意为之献身的目标，只要不想被统治阶层视为废人，他就别无选择，只能从政。

　　各人起点不同，但是人人的上升道路都是漫长而曲折的，要想最终实现至高目标，当上执政官，就需要长期不懈的努力。精力、毅力和智力，恺撒样样不缺。他以相当传统的方式开始了公开活动：控告一位著名的元老院成员。这种做法让青年政客有机会在论坛公开辩论上展示对大众福祉的关切和自己的勇气，更重要的是展示口才，让他们可以同时在民众面前和政界出名。约于前 77 年，恺撒控告前执政官格内乌斯·科尔内利乌斯·多拉贝拉（Gnaeus Cornelius Dolabella）任行省总督期间非法敛财。经过激辩后，多拉贝拉被判无罪，也就是说诉讼——对于原告来说！——大获成功，因为恺撒既显露了演说家的风采，表明了坚决反腐的立场，又不必因为一位著名政治家真的被判罪而引起其支持者的持久敌意。针对当年在苏拉麾下显然严重损害希腊人利益的盖尤斯·安东尼乌斯（Gaius Antonius）的特殊民事诉讼不了了之，虽然遗憾，但是肯定无损于恺撒。现在他可以满意地开始"骑士游历"了，罗马贵族青年通常会前往东方做这样一次文化旅行，瞻仰希腊历史遗址并听指定的修辞术教师上课。

可惜还没等见到住在罗得岛（Rhodos）上的雄辩大师米隆（Molon），恺撒乘坐的船只就被海盗劫持，海盗索要一大笔赎金，才肯释放这位年轻的贵人。古罗马的恺撒传记作家们为求文章精彩而努力发掘传主自幼就显示出来的发迹征兆，搜罗并夸大了诸多恺撒早年故事，基本可信的故事寥寥无几，而遇海盗一事就是其中一则，因为其主要情节是一起惊人的外部行为，必定有众多知情者，若是胡编出来的，造谣者无望逍遥法外。总之，恺撒被当时成群结队危害地中海安全的海盗抓住，被迫在船上隐忍了四十天左右，才等到亚洲行省各市凑齐赎金。他在小亚细亚海岸获释上岸后，自行在周边城市组织了一支小型舰队缉盗，擒获海盗后没收赃物。当主管总督还在犹豫是否要按恺撒所请处决海盗时，恺撒已经自行命人把凶徒钉上十字架。海盗一案表明青年恺撒就有能力果断决策、大胆作为，而且不惮在实施计划时无视规定。后来恺撒率领一支从市民中招募的私人军队参加再度爆发的征讨本都国王米特里达梯斯之战，表现出了同样的自负和果敢。

恺撒在帝国东部期间，罗马政府任命他担任大祭司（pontifices）。大祭司团是被赋予重任但没有规定禁忌的罗马三大祭司团体之一，所以政治领导层成员对大祭司职位青眼有加。大祭司团成员终身任职，团队实行补选制，即因成员死亡而出现职位空缺时，由在任大祭司酌情补选新人。这个凝结了苏拉集团精华的团队选中恺撒接替其亡舅盖尤斯·奥勒留·科塔（Gaius Aurelius Cotta），凸显了青年恺撒的人脉和令誉：尽管恺撒曾与马略和秦纳交好而与苏拉交恶，但是他的名声在前70年代并不差，他的所作所为显然为自己在统治阶级核心圈里赢得了朋友而非敌人。因此，当恺撒后来返回罗马并于前73年首次参加普选时，作为出身尚属显赫的氏族贵族，他当选为二十四名军事保民官（tribunus militum）中的一名，也并不突兀。

然后恺撒首次着力修正苏拉统治，致力于恢复被苏拉严重削减的保民官（tribune）权利，并发表演说，支持保民官普洛提乌斯（Plotius）关于召回因追随反抗苏拉的执政官老雷必达而被流放人员的提案。用现代眼光来看，很容易将这些举措定义为走上民粹道路（via popularis）的坚定步骤，在古人眼里却不一定。古罗马的民粹政治本质上是一种通过公民大会贯彻法令、必要时不惜与元老院对抗的做法，民粹政客高度重视自己的个人威信。为了赢得民众支持，民粹政客使用一组几乎成为标配的悦民术：要么迎合民众的荣誉感（加强自由权利或扩大职权范围，打击不受欢迎的政客），要么满足物质利益（主要靠土地和粮食分配）。民粹政治的主要动机可能是为了改革，但并非一定如此，百姓的利益通常只是工具而已。尽管如此，民粹政治活动却是统治集团的眼中钉，因为政治中心元老院由此被旁置，笼络单个政客加入小圈子的力度遭到削弱。罗马共和国是个寡头政治国家，由元老院成员组成的小集团治国。寡头政治的生存法则之一是领导层成员联合决策，避免单独行动。而民粹道路无论其内容如何都会危害体制，因此元老院总是会有一帮以精英"贵人派"（optimates，原意为"最好的人"）为核心的成员反对大规模民粹行为。

由于民粹政客一再利用保民官职位获得成功，苏拉治国期间大幅缩减了保民官的职权范围和升迁机会。此举尽管完全符合苏拉的一贯作风，但是就连他的改革支持者也饱受委屈，因为苏拉无情地抛弃了神圣的传统。在罗马共和国晚期，除了苏拉和恺撒，几乎没有其他罗马人愿意并且能够在旧机构和制度公认失败的情况下启动冷静而有效的改革，而非指望美好旧时代能够通过道德重塑而再现。苏拉本欲巩固的寡头政治最终承受不住他启动的社会改造，因此可想而知，恢复保民官职权的运动不仅深得民心，就连统治集团都表示一定程度的理解。因此恺撒前72年的这番举动并不唐突，尤其因为其舅科塔已于前75年争取到了保民官部分权利的恢复。大势所趋，前70年，在庞培（Pompeius）和克拉苏（Crassus）两位执政官的要求下，苏拉对保民官的限制被全部取消。

真正棘手的是召回老雷必达的追随者。前78年执政官老雷必达因违抗苏拉命令而受尽冷落，致使心怀不满的老兵和农民于前77年在伊特鲁里亚（Etrurien）发动武装起义，起义被迅速镇压下去，老雷必达死在逃亡途中，其追随者先去西班牙投奔造反的秦纳派将领森图里乌斯（Sertorius），其中活下来的人后来被处以流放。召回老雷必达追随者攸关一批武装打击苏拉政权——相当于打击罗马共和国——的罗马名人，由于这批人在公敌宣告和后续斗争中家破人亡，不能假定他们在遇赦后能够轻易融入社会。而此举对于当事人的后代来说意义更大，这批人迄今为止仕途无望，因为他们有为亲人复仇和修正苏拉秩序的刚需。因此恺撒关注这一棘手事件必然引起众人猜忌，幸好他有一个冠冕堂皇又通俗易懂的理由：搭救流亡的小舅子卢基乌斯·科尔内利乌斯·秦纳（Lucius Cornelius Cinna），而这正是公认的家族团结责任。

前 69 年左右，恺撒出任财务官（quaestor）。罗马共和国的财务官负责现金和账目管理，有些财务官直属罗马，有些则归各行省总督管辖。财务官本身虽然鲜有机会表现自己，但此职却是仕途必经的一站，因为自从苏拉改革后，财务官卸任后即自动进入元老院。因此，恺撒在西班牙总督安提斯提乌斯·维图斯（Antistius Vetus）麾下任财务官期满，于前 68 年返回罗马后，即加入元老院——掌握帝国命运、全国势力最大也最尊贵的机构。元老院的每位成员都有平等的投票权，但绝非有平等的影响力，成员等级森严，按地位高低排序，依次发言，第一个发言的是执政官，然后依次是司法官、市政官（aedile）、保民官，最后才轮到财务官。这意味着财务官事实上很有可能根本没有机会在元老院发表演讲，而只能附议某项提案。因此，不愿一辈子做应声虫的人就必须升迁，而想主政的人必须当上执政官，但这是一条漫漫长路。

当上财务官不久后，恺撒公开致悼词缅怀新丧的妻子和他姑姑——马略遗孀尤莉娅（Iulia）。这种殡葬仪式在罗马绝非私事，而是大族光耀门楣的盛举。在通往罗马广场（Forum）的大型葬礼游行中，奴隶和获释奴隶头戴显赫祖先的死亡面具①，身穿祖先的官服，以示祖先的英灵也到场了。在讲坛发表的颂词中赞誉的不仅仅是死者本人，而且是每位祖先。不难想象此种奇观会给围观市民留下何等印象。不过为女性费这么大功夫，即便不算创举，也

---

① 用石膏或蜡将死者容貌保存下来的塑像。（如无特别说明，本书页下注均为译者注。）

属罕见。恺撒为两位女性举办由于饮宴和葬礼竞技而耗资巨大的豪华葬礼，表明了他利用每个机会亮相的决心。而且恺撒的确充分利用了这个机会：在为尤莉娅姑姑致悼词时，恺撒指出，姑姑的母系为古罗马国王安库斯·马尔西乌斯（Ancus Marcius）后裔玛西·雷格斯（Marcii Reges）世家，父系则为传说中逃出特洛伊的埃涅阿斯（Aeneas）后裔"特洛伊氏族贵族"，是维纳斯女神的后裔①。恺撒的结论相当大胆：他，恺撒，出身于一个同时拥有作为人中翘楚的众王和能统领众王的诸神的神圣家族。这些言论体现的自信心和恺撒在精彩表演中流露出来的表现欲或许引起了一定程度的警惕，不过苏拉政权没有理由产生深层怀疑，恰恰相反，恺撒从西班牙返回后娶了苏拉的孙女庞培娅（Pompeia），更深地融入了统治集团。

前65年，恺撒当选贵族市政官，这是他首次重要的胜选，表明这个年轻人前程似锦。比财务官高一级的官职是保民官和市政官，同一

---

① 希腊神话中，埃涅阿斯为安基塞斯王子与爱神阿佛洛狄忒（即罗马神话中的维纳斯）之子。

个人亦可先后担任两职，但是每年新选的二十名财务官只有十个保民官职位和四个市政官职位，如此算来，有四分之一以上财务官升迁无望。不过这种局面只对恺撒这种贵族构成困难，因为保民官职位和两个平民市政官职位是专给平民的，贵族只能竞争两个贵族市政官职位，而且贵族不但要互相竞争，还得跟平民竞争，因为平民也有资格出任贵族市政官。显然贵族要当选贵族市政官很不容易，不过官场经验表明贵族市政官日后当上执政官的比例很高。

罗马市政官的任务是监管市场和举办竞技庆典等各种祭礼。这些作为神祭组成部分的活动可以是戏剧演出或马戏团表演，对举办方来说极其昂贵，因为国库只提供一小笔基础款项。传统要求主管官员为举办盛大活动慷慨解囊。视这些竞技庆典为枯燥生活亮点的罗马民众用掌声和人气回报大方的主办者，而搞活动不舍得花钱的官员则要付出失去人心的代价，这将会严重损害职业前景。这种风险恺撒当然不会去冒，为父亲举办的盛大葬礼竞技再次表明他的出名欲望几近无限。由于他担任市政官期间举办的竞技庆典轰动一时，盖过了同样大力资助共同活动的市政官马库斯·卡普纽斯·比布鲁斯（Marcus Calpurnius Bibulus）的风头，弄得人人只夸恺撒大方而无人提及比布鲁斯，这造成了日后两人的长期不和。

按照罗马政府关于公职的规定，恺撒要等上三年才能把在市政官任期内赢得的人气用以申请新职。其间恺撒必须设法不被公众遗忘。若是现在淡出公众视野，他此前为出名而投入的巨大精力和资金就只能算是坏账了，难怪他会做出一些博眼球的事情，比如据载他支持埃及并入罗马帝国，有些政客希望借此增加权力，但正是因为这一点，这一计划未能实现。恺撒还在一场"夜雾行动"①中修复了被姑父马略的宿敌苏拉下令拆毁的马略胜利纪念碑，这项邀买民心的举措肯定会让苏拉集团起疑，但还是可以算作是维护家族利益。更出格的是恺撒呼

---

① 1941年12月7日，希特勒下令推行"夜与雾"政策，逮捕在占领区反抗纳粹统治的人，被捕者好似突然消失在"夜与雾"中，家人不会收到任何音讯。

吁惩罚"公敌"杀手，要求审判他们，剥夺赏金并指控其谋杀罪。这无疑是对苏拉政权基础的挑战，因为公敌宣告及其所有后果被视为虽不光彩但已翻篇的一章。不过这些都还说得过去，毕竟恺撒本人曾被苏拉派出的杀手迫害。前63年的"拉比利乌斯案"①事关元老院宣布紧急状态，进而宣布己方暴行在紧急状态下合法的权力，恺撒虽然干预了此案，但是也无法由此认定他已坚定地走上民粹道路。

然而，前63年，恺撒正努力竞选司法官的时候，突然出现了截然不同的其他选举。其间，恺撒的野心勃勃和无畏自负昭然若揭。当时大祭司长（pontifex maximus）昆图斯·恺西利乌斯·梅特卢斯·皮乌斯（Quintus Caecilius Metellus Pius）去世了，只有现任大祭司（pontifices）有资格申请继任，然后由民众普选决定。大祭司长历来由年高德劭的大祭司团

---

① 罗马元老院成员盖尤斯·拉比利乌斯（Gaius Rabirius）涉嫌于前100年参与杀害保民官卢基乌斯·阿普莱乌斯·萨图尼努斯（Lucius Appuleius Saturninus）。恺撒敦促一位受害人亲属指控拉比利乌斯。

成员竞选，两位德高望重的前执政官——前80年执政官、第一元老昆图斯·卢塔提乌斯·卡图鲁斯（Quintus Lutatius Catulus）和前79年执政官普布利乌斯·赛维利乌斯·伊扫里库斯（Publius Servilius Isauricus）——名正言顺地参选了。既然罗马人普遍认为长者睿智，而且在官职问题上讲究论资排辈，那么，还不满37岁、连司法官都没当过的恺撒竟敢与两位年长他二十多岁的前执政官竞争，简直就是放肆。

不过恺撒的选战开展得相当巧妙又充满激情。大祭司长选举和政治职位选举面临着同样的问题，只是更为夸张：既无竞选纲领，也没有哪位候选人宣布当选后将实行何种异于并优于竞争对手的政策。就是一群大同小异的候选人向选民做自我介绍，人人都提到血统的高贵和家族的辉煌、本人的优秀业绩和高尚品格。除非欠某位候选人的情，按伦理标准必须选他，选民实际上并没有清晰的选择标准。由于辩论不涉及具体政策，关键其实在于选举赠品和候选人的行为举止。据说恺撒为竞选挥金如土，这在罗马意味着遍邀宾客观赏竞技庆典和参加饮宴,加上直接发钱给选民。虽然贿选是被禁止的,但是由于赐予包括真金白银在内的好处符合恩赐制(clientela)的基本原则,贿选行为其实并不受到大众鄙视。只有当恩主和受益人此前并无交情,通过恩主在选战中大方撒钱双方才热络起来时,贿选行为才令人不齿。但是不难想象这种情形很难查实,所以打击贿选的法条基本上是一纸空文。而选民估计也不会感到愧疚,因为他们并未为了不义之财而牺牲自己的信念:他们选的本就并非信念,他们只是需要一个选择标准,而一笔小钱、温暖的笑容或亲切的话语都可以构成这种标准。

起先恺撒的两位竞争对手凭借前执政官身份占优,可是后来恺撒成了他们的劲敌,最后卡图鲁斯甚至愿意倒贴一大笔钱请恺撒退选。不过恺撒大获成功的原因不仅是出手大方,也是因为他的竞选技巧精湛无比。罗马选举中往往会选出一个相对较小的统治集团的成员,他们甚至无需向选民承诺什么好处,民选更像是一种对寡头政治的顺服和认可。但是获得这种认可的前提是政治集团成员对待民众特别随和尊重,尤其是在竞选中。所以你得一直带着一群形象讨喜的随从在广场上转悠,同每位路人握手,尽可能地叫得出每个人的名字,做出关心喜爱他们的样子。懂得留下真心爱民印象的候选人最受欢迎,大有希望胜出。而在这一领域,恺撒无人能及!

据说选举日一早恺撒离家时曾告诉母亲:"当不上大祭司长,我就不回来了。"此话估计是后人杜撰的,伹它传神地体现了恺撒的孤注一掷:万一败选,他就只能以输家的身份参加即将举行的司法官选举,而这将会大大削弱选举胜算;而且他债台高筑,根本承受不起失败,因为债主会拼命从输家手里捞回一点,害得输家彻底垮台。事情如果真到了这一步,就只有两条绝路可选:要么自杀,要么为了逃避对破产者的羞辱性惩罚而流亡。

但是恺撒满载而归,从此终身担任大祭司长。"大祭司长"这一荣誉职位和称号因为恺撒而焕然一新,后世每位罗马皇帝都兼任此职,就像他们在其余诸事上都模仿罗马帝国之父恺撒一样。直到基督教被立为罗马帝国国教,罗马皇帝才放弃大祭司长头衔，但是从十五世纪起这一头衔被授予教皇，沿用至今。

这场大胜之后，恺撒几无悬念地赢得了司法官选举，于前62年1月1日就任司法官。此前罗马经历了一场危机——喀提林阴谋，给了恺撒一个在元老院充分表现的机会。后人对苏拉以后罗马共和国的了解多于古罗马任何一个其他时期，这要归功于大演说家兼作家马库斯·图留斯·西塞罗（Marcus Tullius Cicero）流传于世的诸多作品。西塞罗于前63年任执政官，这对一个背景一般的"新人"来说是一项非凡荣誉。而西塞罗的竞争对手卢基乌斯·塞吉乌斯·喀提林（Lucius Sergius Catilina）同年第二次竞选执政官落败，身处恺撒不久前也面临的危局：职场惨败加债台高筑，只能期望用一场彻底改变来重振家业并恢复受损的尊严。喀提林及其同道确实是在坚定地计划革命，还是仅仅为了应对志向高远的执政官西塞罗发起的救国行动，这一点无法查实。无论如何，喀提林是在西塞罗发表元老院控告演讲后离城去指挥伊特鲁里亚起义的。在西塞罗说服元老院宣布紧急状态后，滞留城内的一批喀提林的知名下属被捕。前 63 年 12 月 5 日，元老院就这批人的命运举行辩论，先是按照西塞罗的建议呼吁处决这批国家公敌，唯有当选司法官恺撒提议改死刑为终身监禁。恺撒并不否认这批人的罪行和元老院的紧急状态权，但是他也提到全体罗马公民均享受只有民众决定才能被处极刑的基本权利。恺撒的演讲成功地赢得了人心，直到当选保民官马库斯·波基乌斯·加图（Marcus Porcius Cato）又大力呼吁立即执行死刑，他忠于原则的坚定决心感染了众人，元老院才再次转向。最后恺撒在西塞罗的保护下突破陷于狂热的执政官警卫队的阻挠，安全离开了元老院。喀提林下属在狱中被勒死。西塞罗言简意赅地向到场民众通报了处决一事："他们已离世。"

恺撒出面参加喀提林辩论虽未获胜，但是他动摇了拥有十四名前执政官的元老院，并且有力地展示了自己作为演说家和独立政客的潜力。不过这回罗马政府不能再把此举视为一名青年政客无害的自我表现行为了：由于恺撒反对元老院的主导意见，在没有令人信服的个人原因的情况下脱离主流，他违反了在紧急状态下所需的与元老院领导层保持一致的义务，表明自己是一个危险的民粹主义者。恺撒肯定明白会有这样的后果，但还是坚持这样做，可能主要是因为通过竞选大祭司长，他反正已和势力强大的前执政官卡图鲁斯和伊扫里库斯结仇，不能再指望贵人派的支持了。

随着更清晰地定位于民粹政策的影响范围，恺撒大力寻求与庞培联手。庞培与当政元老院集团明显关系紧张。前62年初的罗马骚动不安，计划召回刚完成罗马东部整顿的庞培部队来消灭盘踞在伊特鲁里亚的喀提林幽灵。恺撒支持这一倡议，或许是希望以此来确保第一强者庞培的感激之情。但元老院要员却展开大规模抵制，因为他们不想再次帮助庞培坐大。争议剧烈升级，恺撒甚至被暂时免除司法官职务。针对元老院的这一胁迫措施，民众游行示威支持恺撒，元老院只好马上给恺撒复职。其间伊特鲁里亚叛乱被元老院召集的一支军队镇压下去，喀提林阵亡，幽灵散去了。挫败喀提林阴谋使得元老院终于找回丧失已久的独立克服内忧外患的感觉，有了底气应对庞培的回归。

统帅庞培抵达罗马城门前的场面和他那令人瞠目的凯旋式，恺撒未曾亲历，因为恺撒当时已动身前往抽签选定的行省西班牙任职。自从实行苏拉新规后，每位司法官都有资格出任一省之长，通常在罗马任司法官一年后赴任。不过恺撒险些没能走成，因为债主们不肯在他还清债务前放他走。这段插曲既表明了当时罗马政治结构的诸多缺陷，又体现了恺撒独特的行为方式。想在共和国晚期飞黄腾达的人，一方面不仅要投入大量时间和精力，还要投入巨资，举办昂贵的竞技庆典，竞选要撒钱，生活要体面；另一方面，公职人员一概不领工资，连对晋升至关重要的审案也不发薪水。只有去为行省总督工作，才有机会略微改善自己的财务状况，但代价是必须离开可以获取政治利益的罗马。因此，罗马政客在做到司法官之前几乎只有支出而鲜有收入，而且由于竞争加剧，支出有直线上升之势。这些青年男子尽管个个出身富家，但几乎没有谁的家产足以支付如此高昂的费用。后果显而易见：几乎人人被迫靠借贷获得所需的大部分资金，有些是向亲友和支持者借的无息贷款，有些是向资本市场借的有息贷款。放贷人投资于某人的仕途相当于一项长期的投机买卖，因为只要还没当上司法官，在罗马当官就等于贴钱，只有出任了行省总督，才能靠搜刮民脂民膏敛财。

可见对行省的剥削是罗马内政的一个结构性后果，在当上司法官前失势不仅羞耻，还可能倾家荡产。不过这样一来，债主试图拦阻一个当了司法官、现在要外放敛财的人上路，就不合常理。使这种行为合理的唯一可能性是：尽管当时负债成风，恺撒的债务之高还是吓到了债主。根据罗马帝国历史学家阿皮安（Appian）所述，恺撒欠的六百多万第纳尔的确是个天文数字，有一个比较可以证实这一点：罗马帝国全境年收入不过是恺撒债务的十倍左右。显然债主们不信恺撒能在行省总督任上弄到这么多钱。直到财力雄厚得让债主安心的金融大亨马库斯·利西尼乌斯·克拉苏（Marcus Licinius Crassus）出面为恺撒担保，恺撒才得以脱身。

　　这个小插曲更为清晰地体现了恺撒的上升途径。我们可以看到，恺撒的上升之路不见得有多大新意：他长期遵循的行为方针虽然令同阶层成员不悦，但是并未造成无法消除的对立，新意或特别之处在于恺撒投入之大。人人都为了仕途负债，但是恺撒借债之大胆已经到了濒临险境的地步，任何失败都可能导致灭顶之灾。然而恺撒没有失败，他显然认为自己不会失败。他坚信自己的天赋和运气，认为投入再大都是值得的。他玩的是孤注一掷的赌博，而且似乎从未担心过自己会输。

　　在西班牙任职的恺撒不负克拉苏的厚望，很懂得如何重振家业，在罗马行省总督中敛财最多，他还在卢西塔尼亚（Lusitanien）打了胜仗，而打仗总是抢劫、罚款和没收财产的良机。恺撒在西班牙好像也懂得不激怒当地民众，让民众对他保持一定程度的忠心。前60年中期再度现身罗马城前时，恺撒不但已经度过财务危机，而且还打完了作为正规指挥官的第一批仗，这些战争非常光荣，所以他期待一场凯旋式——罗马公开庆祝胜仗的盛大庆典。这个愿望没有实现，因为恺撒在罗马经历了一种独特的政治格局，他本能地为权力而果断放弃了荣耀。

第三章　走向终点——前59年执政官恺撒

顺利结束了司法官和西班牙总督任期的恺撒自然想当执政官。罗马执政官职位大受欢迎的原因很多，不仅在于该职位带来的权力。执政官有权召集并主持元老院和公民大会，这的确令人心仪，不过司法官也有此权。但是执政官不仅级别更高，职权范围还包括众多庄严的荣誉活动。执政官还是罗马国家的军队统帅，常有机会立下军功，大多还能分到肥得流油的行省。还有一点估计也很诱人：执政官终身保留头衔。古罗马纪年不像我们今天采用的基督纪元法那样从某个固定时间开始算，而是用当值执政官的姓名来纪年，所以执政官的大名会进入年表，永垂不朽。罗马共和国所有执政官的姓名的确因此而流传至今。

但上述毋庸置疑的优点还不足以解释执政官职位的巨大魅力。自苏拉改革以来，每年都有八名司法官，但是执政官一直只有两名，因此形式上有资格晋升的司法官至少有四分之三永远当不上执政官。尽管如此，候选人还是冒着落选时名财两空的风险，年复一年地投入竞选。此种行为的唯一理由是执政官职位的最大优势：只有当过执政官，才能有执政官身份。

罗马共和国政客当官的比例低、任期短，若是一切顺利，四十四五岁时可以担任四年元老院官员（财务官、市政官、保民官、司法官或执政官）和三年左右行省总督，即十五年内当七年官，此后可能会当一年半监察官（censor），在极少数情况下二度出任执政官或指挥一支特遣部队，但通常就到此为止了。一个人只当十年官，就能在元老院任职三十到三十五年。显然，那些想不断参与操控罗马命运的人必须依靠自己在元老院的地位，而元老院成员的排名与官位高低是一致的。罗马权贵大多只当一年执政官，但终身保留执政官身份，并以此跻身建议决策、寻求妥协、团结多数的罗马政界十五到三十名领导人之列。没有当过执政官的罗马元老院成员只有在特殊情况下才有分量。所以，执政官职位是通往权力核心的门票。

恺撒竞选执政官胜算很大。他任职至今凭借大方随和的风格不仅在罗马民众中收获了人气，无疑也受到上流社会大部分人士的喜爱。他还是一名无人能敌的宣传大师，能在竞选白热化阶段吸引和争取众多摇摆分子。而且恺撒支持伟人庞培，虽然他不一定需要庞培的大力提携，但至少需要庞培的善意默许。再说恺撒显然与人脉极广的克拉苏关系不错，因为克拉苏替他做了担保。凭借在西班牙打了胜仗，恺撒进一步改善了自己的资产状况。军功一直是罗马的最高荣耀，有资格举办凯旋式的统帅更是无比光荣。凯旋式是个古老的习俗，如果胜仗的意义足够重大，元老院可以为获胜统帅举办凯旋式，凯旋者身穿代表罗马最高神朱庇特的绛红色托加长袍，头戴由一名奴隶献上的金冠，驾驶战车从城门到卡比托利欧山（Collis Capitolinus）上的朱庇特神庙献祭致谢。车旁，士兵驱赶战俘前进，还陈列着各种奇异的战利品，并有大幅图画描绘战争场面和重点战役，民众带着自豪、喜悦和嫌恶的复杂心情围观，最后通常由凯旋者出资邀请全城饮宴。总之，凯旋式就是一场能让凯旋者人气再度猛增的精彩表演。

恺撒渴望一场凯旋式，不过此愿能否成真尚不确定，因为恺撒现在有了强敌：毕竟，虽然他在喀提林派辩论中的行为最终没能阻止元老院成员的联合行动，但是损害了众人团结一举成功的喜悦感。除了凯旋式，恺撒还想竞选执政官，这时他遇到了手续上的障碍：古法规定一位申请凯旋式的卸任行省总督不得越过"神圣边界"（pomerium）进入罗马城，否则将自动失去兵权；而没有兵权，就不能庆祝凯旋式。然而，恺撒若要竞选执政官，又必须在选举前某一时间亲自进城向选举负责人报名参选。元老院本可批给恺撒一个特许，免得他左右为难，这其实是常事。但是，当恺撒的朋友试图为他申请特许时，却被恺撒在喀提林派辩论中的对手、自此一辩在元老院地位非凡的保民官加图阻止了。当时加图就此前商定的一个议题长篇大论，由于每位元老院成员都有权想说多久就说多久，而且元老院必须在天黑前休会，因此当天就无暇讨论恺撒的特许申请了。而恺撒必须当机立断，因为参选迫在眉睫。当晚，恺撒越过神圣边界，次日正式报名参加执政官竞选。

在未来的凯旋式和眼下的参选只能二选一的两难境地中，恺撒选择了参选，这可绝非寻常之举。因为凯旋式虽然可能还未获批，也不一定会获批，但其实值得一试，而恺撒一进城，凯旋式就肯定无望了。而执政官竞选他本可推迟，可以晚一年——或许以光荣凯旋者的身份——参选。恺撒放弃凯旋式不但出于尽早当上执政官的雄心，而且与前60年夏天的特殊政局有关，他在此中察觉到了千载难逢的良机。

这个良机就是青年时代就荣获别名"伟人"（Magnus）的格涅乌斯·庞培（Gnaeus Pompeius）前62年从东方回来了。凌驾于所有军政官职规定之上的罗马共和国晚期奇人庞培不仅襄助苏拉讨伐西西里岛和非洲，也已举办过凯旋式。之后庞培征讨西班牙多年，前70年首次担任公职就直接出任执政官。此后庞培的伟大统帅声誉蒸蒸日上，前67年受命打击海盗，他果真依靠杰出的组织才能制住了海盗；前66年受命与本都国王米特里达梯斯作战，结果一劳永逸地结束了战争。在长年战争中分崩离析的帝国东部需要重整，庞培在整顿期间自行颁布大量规定，而未依例与元老院协商或等待元老院特使到来，或许他认为鉴于自己的盛名，大可自行其是，但这一漏洞很快就成了一块绊脚石。当前62年庞培从东方返回时，因粉碎喀提林阴谋而重获自信的元老院领导出于不同动机想给他一个教训。因此，元老院拒绝全盘批准庞培在东方颁布的规定，而是要逐项讨论表决。显而易见，这主要是想刁难一下这位自负的统帅。庞培尽管威名赫赫、仆从如云，前61年和前60年两度出任执政官，但是他没能做到让自己的东方规定被全盘接受，也没能让老兵土地分配计划获得通过，这表明了罗马共和国晚期的困境：庞培这类伟人在帝国境内积累的威名在罗马内政中施展的余地不大。

庞培和元老院之间的持续冲突为一位聪敏果断的执政官提供了极大的运作余地。身居高位的恺撒可以帮忙实现庞培的心愿，让这位强人心存感激。而作为酬劳，恺撒肯定已经在设想庞培帮助自己获得一项军事重任，使自己有机会获得金钱、名望和权力。而且恺撒也的确需要庞培相助，恺撒免于亲自报名参选的特许申请受阻，表明他在元老院成员中已有顽敌，这些人或许无法阻止他参选，但会妨碍他顺利履职，还会损害甚至摧毁他的雄伟计划。

不太清楚恺撒是在夏季选举之前还是之后与庞培联络的。总之，在竞选期间，恺撒已与庞培的追随者、同样参选执政官的卢基乌斯·卢西乌斯（Lucius Lucceius）合作。在此格局中，贵人派认为最好支持一个可靠的候选人、恺撒的老对手比布鲁斯。据说即使是严守习俗的加图也同意采用为人不齿的向选民发放巨资的做法，以便至少能够阻止危险的恺撒和庞培派的卢西乌斯共同当选。阻止行动成功了，不过结果比较棘手：恺撒和比布鲁斯双双当选。

恺撒于前59年1月1日就任执政官之前组织了一个由三名男子组成的联盟，三人都遭到元老院领导假公济私的刁难，这个联盟史称"前三头同盟"。此三人集团并无正式职权，只是三位政客私下结盟，旨在确保国内不会出违反三人中任何一人意愿的事。除了庞培和恺撒，这个联盟还包括克拉苏。此时正逢克拉苏优待小亚细亚包税人的努力失败。罗马政府将其在各行省的很大一部分税收债权承包给财团，而财团当然会努力从这些行省赚取比他们付给政府的包缴税金更多的钱。多数财团都获得了丰厚利润，但是这回小亚细亚包税人的投机失败了，他们试图在克拉苏帮助下通过减付包缴税金的办法将损失转嫁到公众头上，但是克拉苏在元老院的提案受到了抵制，就和庞培的另一个提案一样。克拉苏与庞培本来不睦，但是当恺撒努力与庞培联合并将他自己已经在债权担保一事中欠了人情的克拉苏拉进联盟时，即便只是为了将来也能分享战果，克拉苏显然没有多大犹豫就搁置了自己的怨恨。

前59年就任执政官后，恺撒立即着手实现两位盟友的心愿。最紧迫也最难办的事是一项大规模垦殖法，垦殖法规定在除了肥沃的坎帕尼亚（Campania）地区以外的意大利各地分发公共土地，并分发用国家资金按最新估价购置的耕地。此法既是为了安抚庞培手下的老兵，也能帮助城市贫民谋生。按照执政官的职责，恺撒向元老院提交法案供审议讨论。法律的事实适宜性毋庸置疑，但是元老院成员采取回避态度，没有做出决议，这回又是加图点明了元老院的意思：应该保持现状不变，他再次为了拖延讨论而开始发表长篇演讲，但是恺撒动用执政官权力，让随员把加图关进监狱。结果有一批元老院成员跟随加图，恺撒问一位司法官为何在休会前就离开元老院，此人答道："我宁可和加图一起坐牢，也不愿和你一起留在元老院。"恺撒只好释放了加图，但他向元老院宣布，由于元老院拒绝合作，他只得不经元老院决议就将法案提交给民众。

前59年的首次重大冲突表明元老院领导打算坐等恺撒执政官任期结束，恺撒实现庞培和克拉苏愿望的举措落空。他们拖延审核所有提案，任其自生自灭；他们不肯讨论和寻求妥协，而是退回彻底的保守主义，拒绝任何改变，无论其内容如何。执政官比布鲁斯在民众面前重申了这一态度，当恺撒要求他在民众面前对垦殖法案提出批评意见时，比布鲁斯只是固执地答道，他任执政官期间不会容许任何变化，当恺撒和围观市民一起恳求他同意时，被逼无奈的比布鲁斯失口说出："即使你们人人都想要，此法今年也通不过！"

随之而来的是罗马内政迄今最动荡的一年，同时也是共和国走向终点的开始。罗马共和国宪法的特点是阻碍手段的形式优势，即阻止国家行动的手段非常有力。凭借十位保民官的干预权（intercessio），可以否决所有法律提案和元老院决定。凭借观天象报"凶兆"（obnuntiatio），每项官方行动都可以一再推迟。当然，罗马政府容忍此种强大的潜在破坏力的前提是：总体而言，这种力量的存在就足以使得政府行为适当，破坏力自然就无用武之地了。由于总是有干预权被动用的危险，任职者必须寻求共识，避免孤立行动；而干预权一旦真的启用，也不一定非要一拍两散，可以提议重新谈判、重建共识。当恺撒将垦殖法提交给民众时，干预权显然将被动用，而此前元老院的拒绝态度已经表明双方无望通过谈判达成妥协，恺撒只能不声不响地放弃。而恺撒绝对不甘心放弃，他为该法确定了表决日期，让助手连夜占领会场，并派人把比布鲁斯执政官和同来打算干预的保民官打下罗马广场。还有人打散了比布鲁斯的"束棒"（fasces，执政官身前卫兵肩扛的权杖），向他身上泼粪。此举损害了神圣不可侵犯的保民官，实际上是渎神行为，但是恺撒不管这么多了。采取这些准备措施之后，垦殖法通过了。

次日比布鲁斯试图说服元老院撤销法律未果，因为恺撒背后有大批罗马市民给他撑腰，庞培及其老兵又支持该法，元老院认为无望撤销。相反，元老院成员咬牙按照垦殖法定稿中的规定依次起誓守法。此局恺撒完胜。

比布鲁斯愤然回家，全年任期内再未露面。恺撒得以轻松执政，设法通过了一部又一部法律。他降低了亚细亚行省的包缴税金，完成了克拉苏的心愿，并使得庞培在帝国东部颁布的规定获批。对于埃及这个难题，他正式承认托勒密十二世（Ptolemaios XII）为国王，暂时缓和了局势。不久后，他凭借又一部垦殖法将肥沃的坎帕尼亚土地也供分配，并切实推行三个及以上子女家庭申请分地时享受优待的福利政策。他还设法通过了一部内容上考虑周全的保护罗马行省居民不受总督剥削的法律。他为日耳曼斯维比（Sueben）部落首领阿里奥维斯特（Ariovist）争取到了"同盟者"和"罗马人民之友"的地位。他也为自己的将来做了打算，凭借和他合作的保民官普布利乌斯·瓦提尼乌斯（Publius Vatinius）提出的法案，把山南高卢（Gallia Cisalpina，上意大利地区）和伊利里库姆（Illyricum，亚得里亚海东岸）分给自己五年。而在主管总督突然去世后，元老院还应庞培的提议给恺撒的行省组合增加了纳博讷高卢（Gallia Narbonensis，大致相当于今普罗旺斯地区），这是一个让恺撒高兴而对世界历史影响深远的巧合。

不过，虽然恺撒暂时摆脱了讨厌的比布鲁斯，完成了自己的各个项目，但是这些外在成功是脆弱的，甚至适得其反，执政官恺撒绝不是个闪亮的胜利者。比布鲁斯用自己的撤退生动地表明罗马政府的两位最高代表中的一位不得不屈服于另一位的野蛮暴力，还不断让人在城中挂出对政府政策冷嘲热讽的文书，提醒大家记住这种实际上是全体罗马人耻辱的情况。更糟的是，对于恺撒及其帮手的每次公开行动，比布鲁斯都宣布他将观天象报凶兆。依此，前59年通过的每部法律均为非法颁布，原则上可由元老院撤销。比布鲁斯的这种哀兵之计也的确颇有成效，群众在剧院里对恺撒和庞培喝倒彩或不理不睬，而热烈鼓掌欢迎加图和不怕得罪三巨头的显贵盖尤斯·斯克利波尼乌斯·库里奥（Gaius Scribonius Curio）。重视等级的罗马民众是否顺服政府主要取决于官员的行为，而恺撒的残酷无情和对比布鲁斯的羞辱严重违背了行为规范，垦殖法等热门项目引发的欣喜无法长期抵消民众的不满。

为了不让整个执政官任期得不偿失，恺撒

必须为卸任后的自己和他的法律留好后路。他本人已由瓦提尼乌斯法律任命为行省总督五年，由于当值官员免受控告，只要前59年的各部法律不被撤销，他就可以暂时放心。而要让法律不被撤销，每年的官员中都得有信得过的人能够阻止撤销法律的企图。而恺撒法律继续存在的第一大保护神是与之利益攸关的庞培，因此恺撒执政官卸任后依然需要庞培。于是恺撒顺理成章地把女儿尤莉娅（Iulia）嫁给庞培，加强了与这位伟大统帅的联系。而恺撒本人在与庞培娅离婚后娶了前58年执政官卢基乌斯·卡尔普尔尼乌斯·皮索（Lucius Calpurnius Piso）之女卡尔普尼亚（Calpurnia），皮索一上任就有机会为女婿效劳。

但是恺撒和对手们前59年的冲突并不属于靠时间流逝就能得到缓和与解决的性质，而是为导致罗马共和国崩溃并转为帝制的前49年内战埋下了伏笔。罗马的严重内部冲突渐成常事，许多冲突比前59年的打斗血腥得多。虽然元老院领导以前一般会孤立甚至武力消灭挑战他们的外人，但是他们一时还动不了恶行累累的恺撒，因为恺撒背后不仅一如既往地有公民大会撑腰，而且还有庞培和克拉苏的潜在联合力量。恺撒的反对派不但动用干预权而且一再报凶兆，而恺撒对这些阻碍手段的置之不理导致这些手段永久失效，这势必影响整个体制。而最后恺撒还弄到了五年行省管辖权，可以免于受罚。此事从共和寡头政治的角度看来就是：有一位执政官无视反对单个提案绝对化的各种制度措施，硬性推行自己的纲领，此人一旦逃过惩罚（细看会发现有这个苗头），就会有人效仿他，而共和国统治就有垮台的危险。

因此，可想而知，一群头脑清醒的元老院成员试图力挽狂澜，他们向恺撒提出妥协方案，建议他以符合圣法（lex sacrum）的程序重新提出法律提案，他们保证不报凶兆。但是，尽管这意味着恺撒法律的内容可以得到接受，新的通过方式也会确保这些法律不会随时被撤销，恺撒却拒绝了，这种反应一时有点令人不解。可以肯定恺撒对元老院成员突然呈现的灵活性感到怀疑，但是关键可能是一个冷静的想法：即使恺撒接受妥协方案，他仍然还是被他严重羞辱的元老院集团的异己分子，但是庞培等恺撒法律的受益者将会不必再为了保护对他们有利的法律而着力维护恺撒的整个执政官任期包括其任职期间的所有罪行。恺撒一旦让步，庞培就可以放弃恺撒，而不必同时放弃他的东方新规的批准。恺撒显然清醒地看到了这一点，所以他不让步。

在这一事件中，恺撒和元老院反对派之间的关系显然已经难以弥合。对于恺撒来说，多次违反现行秩序核心规定已经成为把庞培和自己绑在一起，从而确保自己能在各行省扩张权力的手段，而且他认为即使他接受并实施妥协方案，对手也不会停止打击他。前 50/49 年恺撒重归内政时发生的对抗正是前 59 年重大冲突的延续。

就这样，前 58 年春前往行省赴任的恺撒背负了几乎无力偿还的重债：他严重侵犯惯例，树立了死敌。即使只是为了保住政治生命，恺撒也必须通过打胜仗来扩张权力和提高声望，好让对手无法再伤害他。恺撒这份建功立业的压力只好由高卢人来承担了。

第四章　逃入战争——征服高卢

恺撒的执政官任期一满，元老院部分成员就群起而攻之，声称他颁布的法律无效。尽管只是讽刺挖苦，最终也没有形成针对三巨头的元老院决定或法院判决，但是反对派表明了自己绝不善罢甘休的立场。恺撒避开了元老院的口角之争，但还在罗马城附近待了几周，以便操控内政。恺撒虽然没有主动提议，但是在他的默许下，可能会走向恺撒对立面的、当时最优秀的演说家西塞罗被自己的死敌——保民官普布利乌斯·克洛狄乌斯·普尔喀（Publius Clodius Pulcher）——给流放了。这时从高卢传来一些坏消息，不过对恺撒来说倒是好事，恺撒迅速动身前往行省赴任，没有目睹老对手加图被赶到塞浦路斯去完成光荣使命。

关于从攻打赫尔维提人（Helvetii）开始的高卢战争，截至前51年，恺撒写了七本《战记》（commentarii），后来他的爱将奥卢斯·希尔提乌斯（Aulus Hirtius）又写了一本，讲述内战爆发前期。《战记》是一种客观朴素的报道，按古罗马标准主要是史料，而非言辞华丽的史书。但是恺撒之作不朽的原因不仅在于作者和他所述事件无可争辩的重要性，也在于他简洁清晰的文风。不过尽管我们高度赞赏《战记》的文学水平，但是我们在寻找高卢战争起因的过程中当然不能简单停留在胜利者恺撒的说辞上。然而，由于我们并无其他关于高卢战争的同时代独立报道，恺撒的说法不易纠正。唯一的办法是严格审查恺撒的文本有无事实错误，并分析行动各方的利益所在。利益分析使人怀疑恺撒的行为绝非只是为了无私捍卫罗马利益和保护罗马盟友。

在罗马共和国，没有比带兵打胜仗更光荣的事了。因此志向高远的行省总督们纷纷利用总督任期打仗，而对恺撒来说，这种赢得声望和权力的机会不仅意味着人人喜爱的丰厚金钱，他更关心的是仕途：因为他在执政官任期内结下的仇人企图毁掉他，而目前尚可帮助压制对他法律正当性攻击的三巨头是个脆弱的联盟，恺撒别无选择，只能争取增加自身分量并以无可置疑的成就胜过对手，也就是说，他需要军功和打仗赢得的资金，以及一连串胜仗和分发战利品可以换到的官兵的忠心。再说他并非只是出任普通总督，而是得到了瓦提尼乌斯法律赋予他的五年专用指挥权。这种兵权就其性质而言就是为了应对危机的，所以恺撒这五年若是只安分守己地履行总督的司法和行政职责，他就会沦为罗马公众的笑柄。

所以恺撒必须打一场大仗。他设法弄到山南高卢和伊利里库姆两个行省，说明他估计这两地可以挑起并打上这样一仗。山南高卢的吸引力无疑也在于当地总督能坐镇上意大利而与罗马保持密切联系，以此影响国内政治。这对恺撒来说至关重要，比如若是坐镇叙利亚，运作起来就难了。还有，山南高卢有大量罗马公民居住，因为波河（Po）以南地区已被完全并入罗马本省；故此可在山南高卢招募军团，还可以让追随者去罗马给选举投票。而由于该行省北部波依人（Boii）前不久与罗马人民之友打仗，山南高卢也可能会出现最终酿成战争的冲突。不过一开始就更有希望的应该是伊利里库姆，因为罗马统治的亚得里亚海峡一直受到内地各部落的威胁，而当时多瑙河畔俨然正在形成一个达契亚人（Daci）之王布雷比斯塔（Burebista）统治的帝国，这样就应该不难找到理由展开兼并缓冲区的维和行动。

恺撒分到纳博讷高卢这个行省纯属侥幸，因为总督职位偶然空缺。高卢前不久发生了一系列令人担忧的动乱：爱杜伊人（Aedui）与塞广尼人（Sequani）作战落败，塞广尼人找了斯维比人首领阿里奥维斯特助阵；前61年镇压了一场阿罗布洛格斯人（Allobroges）起义；赫尔维提人也蠢蠢欲动，使得元老院派出了一名特使。然而令恺撒懊恼的是，局势又缓和了下来，元老院认为暂时无须采取行动。但只要动点脑筋，或许还是可以找到理由，挑起一场让动武合理化的危机。恺撒就这样凭借三个行省获得了在任期内大战一场的契机，有机会补上获得五年兵权的外因。不过他还没有十足把握，在很大程度上是一个巧合——赫尔维提人的迁徙——为他提供了动手的机会。

恺撒果断地抓住了这个机会。经过两年准备，赫尔维提人离开了今属瑞士的祖居地，要在大西洋边上开辟一个新定居区。他们有两条路可选，穿过纳博讷高卢北部阿罗布洛格斯人地盘的那条路要好走得多，所以他们到日内瓦附近的罗讷河（Rhone）请求匆匆赶到的恺撒总督批准渡河。恺撒说要考虑两周，其间在边境设防，召来部队，然后向返回的赫尔维提使节宣布驳回请求，理由是让外族人穿过行省领土迁徙不符合罗马习俗。恺撒竟然需要十四天时间才能认识到这个深刻道理，赫尔维提人难以接受，可想而知，他们觉得被愚弄了，还是试图渡河，但被恺撒轻松地打了回来，只好换走穿过塞广尼的艰难道路，塞广尼人准许他们通行。

恺撒在战记中写道，他了解到赫尔维提人

拟穿过塞广尼人和爱杜伊人的地盘，到桑东尼人（Santones）境内定居，那儿离已属罗马行省的托洛萨（Tolosa）不远。他马上意识到，让好勇斗狠的赫尔维提人住在一个拥有广袤良田的地区旁边将是对行省的巨大威胁。因此恺撒让副将提图斯·拉比埃努斯（Titus Labienus）监视防御工事，他亲自赶到上意大利招募了两个新军团。加上此前驻扎在那里的三个军团，恺撒带着五个军团前往危机地区，随后渡过罗讷河进入塞古西阿维人（Segusiavi）的地盘。他开诚布公地指出塞古西阿维是行省境外的第一个部落。

恺撒以此为理由起兵无疑很牵强，因为桑东尼人居住的今桑特（Saintes）地区与今图卢兹（Toulouse）地区的托洛萨相隔两百多公里（直线距离！），而且两地之间还居住着莱摩维斯人（Lemovices）、佩特罗科里人（Petrocorii）、尼提奥布洛格斯人（Nitiobroges）和卡杜尔契人（Caduci）。恺撒这是利用了罗马元老院成员不可能熟悉高卢地形，也没有可以迅速查看地图的情况。不过值得注意的是，恺撒坦率地写道，他是为了预防性地保护罗马行省才越过边境的。他有资格这么坦率，因为这完全符合罗马对外政策的准则：在各个行省的边境地区，稍有异动的蛛丝马迹，就主动出击。故此恺撒不必担心会在罗马遇到麻烦，于是他直言相告是在越过省境之后才收到爱杜伊人的求助的。无论如何，他现在可以为保护盟友而开战了，这是一个罗马熟知并喜闻乐见的战争理由。

恺撒伏击了正在渡索恩河（Saone）的赫尔维提人的一个分支，杀死了许多人，其他人逃走了。随后他追赶赫尔维提余部。敌人对他的突然到来感到惊讶，派特使警告他，他们部落的战斗力很强，还无聊地提到他们曾于前 107 年打败过罗马人，敦促恺撒休战并和平地给他们指定一块新地盘。而恺撒当然不肯接受对方的傲慢态度，所以他强调罗马人拥有优先权，并提出，只有赫尔维提人赔偿战争损失并留下人质作为顺服的保证，他才同意议和。特使拒绝了，于是双方展开比布拉克特［Bibracte，近欧坦（Autun）］决战，恺撒艰难获胜。此后赫尔维提人由于供给崩溃，被迫投降。恺撒逼他们交出人质、武器和叛徒，然后打发他们回原来的领土，要他们留在那里防御日耳曼人。

恺撒就这样获得首次大捷，幸好很快又有人求助，他可以接着打仗。恺撒告诉我们，可靠的"罗马人民之友"——爱杜伊人迪维奇阿库斯（Diviciacus）在一次密谈中让他睁开了眼睛：原来自从阿维尔尼人（Arverni）和塞广尼人在同爱杜伊人打仗时叫来了莱茵河对岸的日耳曼军队帮忙，日耳曼人就大量涌入，高卢人已经面临被赶走的危险。日耳曼军队首领是斯维比首领阿里奥维斯特，他紧抓住请他帮忙的塞广尼人不放，禁止塞广尼人和在战败后不得不向塞广尼人派遣人质的爱杜伊人向罗马求助。暴躁的野蛮人阿里奥维斯特若是获悉了这次密谈，一定会把手里的人质统统杀掉。只有恺撒能阻止阿里奥维斯特和日耳曼人侵入高卢。而恺撒当然不肯忽视高卢绝望的求援。

这种恐怖的情景显然是恺撒专门为他的罗马观众设计的：提到日耳曼人，罗马人对前二世纪末好不容易才制服的西姆布莱和条顿部队的恐惧记忆犹新。出于这种神经质的安全需求，罗马人本就倾向于一发现在势力范围内有人坐大就出手镇压；但是恺撒在此展示的威胁在罗马的威胁等级表上至少相当于自奥斯瓦尔德·斯宾格勒（Oswald Spengler）以后常被援引的"西方的没落"。结论很明确：非拯救面临北方威胁的文化大国罗马不可！而且绝不能容忍一个放肆的野蛮人对罗马及其盟友不敬。恺撒认为，光是罗马之友爱杜伊人要向塞广尼人和阿里奥维斯特派遣人质这一点本身就是一个——现在注意顺序——对他本人和罗马政府的冒犯。

在这件事上，我们只能在一定程度上相信恺撒。今人知道，所谓莱茵河右岸日耳曼和左岸高卢由于两地民众的根本差异而隔阂深重，这一说法主要是恺撒创造的，而非基于对当时情况的观察。但是恺撒不仅需要莱茵河边境作为标志，也需要将其作为"民族分水岭"，以便能够将他征服高卢直至莱茵河作为一次完整的行动来呈现。对于当时局势中存在的危险和可能的事态发展，恺撒无疑也有所夸大，因为他需要强有力的理由与阿里奥维斯特开战，毕竟正是他本人任执政官期间把此人认定为罗马人民之友和同盟者的。恺撒现在才知道爱杜伊人受了委屈，这一点殊不可信。

恺撒派了两个特使去找阿里奥维斯特谈判，给他一个机会改弦更张，接受恺撒这位仁慈导师的指引，因为毕竟是恺撒让阿里奥维斯特拿到罗马人民之友这个头衔的。可惜阿里奥维斯特的行为完全符合罗马对野蛮人的印象：由于不懂得公正的世界秩序，阿里奥维斯特坚持要与罗马政府代表平等谈判，而且还自以为打过几场胜仗就拥有罗马获胜后主张的同等权利。此等"傲慢"只能用一个答案来回应：恺撒北上讨伐阿里奥维斯特。

罗马军队到达维森奇奥〔Vesontio，今贝桑松（Besançon）〕时，恺撒突然发现士气大降，日耳曼人阿里奥维斯特在传言中越来越高大威武，恺撒的部下勇气锐减，有人请求返乡，其他人垂头丧气地在营地徘徊，人人都忙着立遗嘱。恺撒指出，这些出于交情跟着来的将官没有多少战斗经验。外行的沮丧传染了职业军人：连久经沙场的百夫长、十夫长和老兵也吓慌了，有抗命的危险。在这种情况下，恺撒立即召集由将官和罗马军队骨干百夫长组成的战争委员会。恺撒的讲话证明他的确是个帅才，他指出危险并不是很大、罗马兵器拥有优势、部队战功赫赫、攻打赫尔维提人一役证明恺撒既有运气又有能力，他倡导团队精神，鼓励大家展开竞争，并谨慎地展望未来可以得到的好处。

恺撒懂得用恰当的言辞鼓舞士气，我们认为他本人描述的这个特点是可信的。若非统帅拥有出众的领导素质，军队此后的奋勇和忠诚无从解释。赢得人心的本事也许是恺撒最令人心仪的天赋。恺撒在竞选时能够让每一个无论其出身或级别如何的公民都觉得恺撒重视尊敬自己。打仗时也是这样，恺撒能让士兵坚信他真心关注他们的命运，他不会要求士兵做任何不符合共同利益的事，他要求士兵做到的，他也会要求自己做到。正如西塞罗告诉我们的那样，连强硬的高层政客也抗拒不了恺撒的迷人魅力。恺撒这么令人信服，没有人觉得他虚伪，原因可能是恺撒就像一个真正的明星人物一样充满自信，在应对特殊情况时，他风度翩翩、感情真挚，沉浸在对整体关注和个人关怀的肢体和口头语言中。因此他在这些时刻显得特别可信，不过这绝不等于他不会冷静精明地算计。

士气危机平安度过后，恺撒继续挥军北上，估计在阿尔萨斯（Elsass）遇到了阿里奥维斯特，阿里奥维斯特这回建议双方谈判。按照罗马人看待野蛮人的世界观，这位日耳曼领袖在谈判期间没有表现出任何理性，他的部分骑手甚至边谈边打，充分体现了野蛮人的奸猾，于是恺撒终止了谈判，现在只能打仗了。恺撒在一场伟大的战役中击败了日耳曼人，将活下来的赶回莱茵河对岸，暂时把高卢——还有罗马！——从日耳曼人的威胁中解救了出来。

在这第二次大捷以后，恺撒提早把各军团派到塞广尼冬季营地，他自己则前往山南高卢行省办公。在上意大利过冬几乎成了恺撒总督任期的固定模式，只有前54/53年和前51/50年的冬天是在高卢过的。恺撒管理山南高卢，前57/56年和前55/54年两次搬到伊利里库姆，一个原因当然是他不愿忽视自己在这两个地区的职责，不想为他人的攻击制造口实。但是还有一个原因：他在上意大利能与罗马再接上头，积极影响罗马局势的发展。不过在高卢时他也并未与世隔绝：他安排了信使，定期从首都给他传递内线的报告和其他信件；他本人则不断写信给罗马政坛的各个大人物。听说恺撒连在路上都能同时给四名秘书口授。即使考虑到罗马元老院成员的工作量普遍很大，恺撒的专注力和充沛的精力依然令人惊叹。恺撒努力通过频繁联系来弥补某些地区距离罗马很远的地理劣势，总体效果不错，但是并非每回都能成功。

早在冬天时，恺撒就收到了贝尔格（Belgae）全族密谋颠覆罗马的消息。恺撒写道，这是因为贝尔格人担心高卢平定后会轮到他们挨整，而且高卢人还煽动他们。以前乐见日耳曼人被逐的高卢人现在却不肯让罗马人在高卢过冬，这既是出于轻率——恺撒认为这是高卢人的主要性格，也是出于权力欲望。恺撒随后招募了两个新军团送到纳博讷（Narbonensis），由他的亲戚昆图斯·佩蒂乌斯（Quintus Pedius）指挥，恺撒亲自去中高卢攻打贝尔格人。

可以在这里清楚地看到一场战争是如何引出下一场战争的。罗马军队在高卢内地过冬这一事实本身就在迄今为止尚未参战的北方各部落中引起了恐惧和采取预防措施的倾向，而且确实不能说这些恐惧是没有理由的。另外，很难要求罗马人在阿尔萨斯获胜后返回本省，因为即使他们无意吞并高卢，高卢形势也太不稳定，若是胜利者放任不管，很容易乱套。因此，双方的行为方式都是可以理解的，只是最终恰恰发生了本应避免的事：罗马军队继续挺进，高卢各部落之间的权力平衡被打破了。而恺撒迅速主动地进入贝尔格人的地盘，将潜在的阴谋变成战争，说明他无疑是乐见出现这种引起冲突的局面的。

虽然贝尔格人有一半日耳曼血统，被视为高卢人中的勇士，但恺撒很快就成功地使他们分裂，逼他们就范。只有内尔维人（Nervii）不降；为了安定军心，恺撒亲自投入战斗，最终获胜。他宽大处理了伤亡惨重的内尔维人，然后攻打阿杜亚提西人（Aduatici），因为阿杜亚提西人的地盘上有个被恺撒围困城市的居民诈降并伏击了上当的罗马军队。活下来的阿杜亚提西人被卖为奴，为欺诈行为付出代价。恺撒简洁地写道，奴隶贩子共算出 53000 名奴隶。在恺撒盟友克拉苏之子、副将普布利乌斯·李锡尼乌斯·克拉苏（Publius Licinius Crassus）征服海边各族后，恺撒总结道，高卢现已完全平定。罗马举办了一场前所未有长达十五日的感谢宴来庆祝此事，通常这是一个获批举办凯旋式的可靠前兆。

不久后大家就发现恺撒宣告胜利为时过早了。高卢还谈不上罗马人设想中的平定，更莫说占领，当年冬天高卢就重新陷入混乱，生活在今布列塔尼（Bretagne）领土上的弗内特人（Veneter）起义并迅速组成一个反罗马联盟。恺撒还没能制住高卢，他本人肯定也很清楚这一点，但是捷报当然能让他在罗马受人敬仰，而且大声宣布高卢已平定给了他现在将高卢人的任何敌意行动算作叛乱的机会，而叛乱当然必须镇压，也就是说，恺撒终于不愁找不到理由打仗了。

然而，在恺撒能腾出手来处理高卢西北部

动乱之前，他首先必须确保重新稳定自己在国内的支持势力，而要达到这个目的，光是宣布打了胜仗还不够。前57年，庞培在罗马和前59年时的敌人开始接近，庞培还被授权负责罗马粮食供给，同时，对恺撒法律的攻击再次发生了，恺撒的敌人路奇乌斯·多米提乌斯·阿赫诺巴尔布斯（Lucius Domitius Ahenobarbus）竞选执政官并宣称要终止恺撒非法获得的高卢总督职位。在这种情况下，恺撒首先设法在拉文纳（Ravenna）会晤克拉苏，两人决定继续合作，然后他们俩在卢卡［Luca，今意大利卢卡（Lucca）］与庞培会面，秘密商定继续三巨头联盟。估计要到庞培和克拉苏拖延选举很久后悍然动武阻止讨厌的竞选对手阿赫诺巴尔布斯及其姐夫加图参选，最终于前55年双双当选为执政官后，罗马公众才真正明白卢卡密谋的内容。这次执政官任期内，庞培被授权管辖两个西班牙行省五年，克拉苏则拿到了叙利亚，有希望指挥与罗马唯一还需重视的竞争对手帕提亚帝国（Parther）的战斗。作为对这个亲率大军立功机会的回报，恺撒的兵权也被延长了五年，并附加了一项条件：不得在前50年3月1日以前分配恺撒的三个行省。恺撒的地位由此再次得到保障，可以继续征战，不过他迟早必须回归国内政治这个根本问题当然并未得到解决。

第三年战役导致了东高卢罗马统治区的扩大，恺撒先是及时镇压了抓捕罗马军官的弗内特人，处决其贵族并罚民众为奴，然后移师北上，攻打沿海民族莫里尼人（Morini）和梅纳皮人（Menapii）。副将普布利乌斯·克拉苏同期征服了阿基坦（Aquitanien）。

当年冬天，梅纳皮人地盘上的日耳曼部落乌西皮人（Usipii）和滕克特里人（Tencteri）强渡莱茵河，定居高卢。此前高卢人是因为害怕被罗马人统治而密谋反抗，现在日耳曼人以为能趁高卢人因败于恺撒而势弱的机会坐大，这是恺撒必须用武力惩罚的另一种恶行。恺撒写道，他担心高卢人可能因喜新厌旧的习性而受日耳曼人的影响脱离罗马，于是他提早去高卢找照例在那里过冬的部队。事实证明恺撒的顾虑有道理——若是一个行动者事后为读者记下自己的预测而又想让读者佩服他，那么这个预测又怎么可能会没有道理呢？幸好恺撒提早到了高卢，成功地把高卢人脱离罗马的企图扼杀在萌芽状态，然后马上开始攻打乌西皮人和滕克特里人。对方的特使刚在恺撒面前答应停火，他们的骑手就攻击罗马骑兵而且获得小胜。恺撒写道，所以他不再相信谈判能解决问题，于是他把新的一批包括全体王公和长者在内的日耳曼特使扣在了军营里。双方随即开战，恺撒打了一场漂亮的胜仗，乌西皮人和滕克特里人惨败。为了使莱茵河地区的日耳曼人今后不敢再入侵高卢，恺撒派人在莱茵河上空架设了一座桥梁（对当地居民来说无疑是一项杰出技术成就），渡过莱茵河。罗马军队在苏刚布里（Sigambri）地区洗劫一番，十八天后撤离，双方没有再交战，日耳曼人躲起来了。恺撒是否希望从这次行动中得到比散布恐惧心理更多的东西，不得而知。

此后恺撒短期去不列颠（Britannien）打了一仗。此次费事的行动最终未能获得大的战果。双方数次交锋各有胜负，然后恺撒撤军，对方模糊地答应派遣人质，但是只有两个部落兑现承诺。恺撒是否真的实现了自己宣布的目标——从不列颠岛出发阻止叛乱高卢部落驰援，这一点非常可疑。这时高卢的梅纳皮人和莫里尼人再次叛乱，恺撒只好再次出手弹压，此后部队才能住进冬营。

元老院用一场长达二十天的感谢宴庆祝恺撒这一年的功绩，头功或许是进入神秘的不列颠。不过恺撒的人品和成就并未引得人人叫好，加图就提议将因扣留乌西皮和滕克特里王公而违反神圣特使权的恺撒交给日耳曼人处置。尽管这项动议可能从未有过机会在元老院获得足够支持，但是加图此举发出了一个清晰的信号：在前 59 年树立的死敌眼中，恺撒任总督期间的一举一动都是可以用来打击他的靶子。

恺撒在上意大利过了冬，从那里出发短暂地攻打了伊利里库姆。在做了大量准备工作以后，他于前 54 年初夏再度远征不列颠。此行果真有所斩获，但是罗马军队战后乘船返回了高卢，没能至少把南方部落带入更稳定的附属关系。这次行动在资金方面也是一个败笔，西塞罗在一封信中写道，满以为不列颠盛产金银的罗马人两手空空地从这个贫瘠的岛屿返回，大失所望。

恺撒在高卢度过前54/53年冬天，因为在他照例去上意大利之前，在高卢中部和东北部的罗马冬营周围爆发了一场给大多数单独驻防的军团带来灭顶之灾的动乱。最惨的是驻扎在厄布隆尼斯人（Eburones）地盘上的一个半军团，由于厄布隆尼斯人首领阿比奥里克斯（Ambiorix）使诈而被全歼。而驻扎在内尔维人地盘上的西塞罗之弟昆图斯（Quintus）麾下军团则力战到恺撒的援军赶到，之后叛乱被成功镇压，但高卢的气氛依然骚动不安。因此恺撒觉得有必要在上意大利招募两个新军团，另外再向庞培借一个军团。现在恺撒的兵力扩大到十个军团约五万名士兵了，于是他于前53年春天再次动手教训内尔维人、塞诺内人（Senones）、卡尔努特人（Carnutes）、梅纳皮人和特雷维里人（Treveri）。短渡莱茵河行动的背后可能有更深远的野心，但在斯维比人撤退后，恺撒满足于展示一下力量，而谨慎地放弃深入崎岖难行、补给困难的地区。随后恺撒歼灭了厄布隆尼斯军队，全力搜捕阿比奥里克斯，可惜还是被他逃脱了。

在意大利北部过冬时，恺撒发现自己面临一个大问题：如何才能改变对他构成威胁的国内政治格局？以联姻确保恺撒和庞培合作多于对抗的恺撒之女尤莉娅前 54 年去世了。前 53 年，因期盼军功与庞培和恺撒比肩而自不量力地攻打帕提亚人的克拉苏在美索不达米亚阵亡，三足鼎立演变成两雄相争。而在罗马，围绕选举的暴力行为猖獗，使统治阶级认识到了平静和秩序的价值，并不怎么反对一个据称即将到来的庞培独裁。有迹象表明庞培和元老院中的恺撒之敌越走越近。

为了阻止这种恶性发展，恺撒向前女婿建议两家再度联姻，但是庞培不予理睬，因为这种宣示团结之举在前 53/52 年冬固然对恺撒有利，对正从在恺撒和加图一派之间摇摆中受益的庞培却全无好处。前 52 年 1 月，伟大的民众动员者普布利乌斯·克洛狄乌斯·普尔喀被对手提图斯·安尼乌斯·米罗（Titus Annius Milo）的下属打死，继而罗马爆发严重动乱，庞培暂时达到了目标：元老院被迫宣布进入紧急状态并授权资深执政官（proconsul）庞培出兵恢复城市治安。恺撒为防止自身地位受损而急需的盟友庞培由此与元老院建立了深度互信，而且庞培还得到了更为荣耀的奖赏，当选为全新的"单独（sine collega）执政官"。庞培后来真的再婚了，他的选择有一种强烈的信号特征：他娶了昆图斯·恺西里乌斯·梅特卢斯·西庇阿（Quintus Caecilius Metellus Scipio）之女科涅莉亚（Cornelia），西庇阿是坚定的贵人派，被视为恺撒敌对面的中坚力量。

面对这些事态发展，恺撒无能为力。但是，当高卢叛乱、恺撒只好前往高卢弹压时，连留守上意大利、对内政施加微弱影响的机会也被剥夺了，难怪恺撒自负地写道，知道他的灭亡会让很多罗马人高兴是刺激高卢人叛乱的主因。这当然是夸大了，不过高卢人肯定乐见恺撒由于罗马困局而试图拖延领军。但是后来在凯纳布姆（Cenabum）和奥尔良（Orléans）大批罗马商人被杀点燃了起义的烽火，叛乱迅速扩大，恺撒不能再拖了，他迅速赶往高卢。

高卢起义领袖、阿维尔尼人维钦托利（Vercingetorix）靠纯熟的外交技巧和组织才能建立了一个反恺撒大联盟，谨慎妥帖地指挥作战。维钦托利让同胞感到他们现在还有机会摆脱永远被异国统治的命运，从而实现了此前从未有过的高卢深度团结。

恺撒由此陷入生存危机，因为除了这场战争所带来的生命和身体危险以外，他由于不稳定的政治局势而经受不住重大挫折，更受不了领土扩张行动的彻底失败，否则就会失去政治生命。于是，在镇压起义的过程中，恺撒再次处于孤注一掷的境地。而他凭借一贯的充沛精力和坚定的自信整肃部队，打下一个又一个的部落。

恺撒的反击很成功，主要是在长期围城后攻下了阿瓦利库姆［Avaricum，今法国布尔日（Bourges）］。恺撒写道，屠城后四万居民中只有约八百人逃脱。然后他试图攻克高卢阿维尼人居住的格尔果瓦［Gergovia，近今法国克莱蒙费朗（Clermont-Ferrand）］，却遭受了无可遮掩的重大挫折，因此未能实现凭借罗马在维钦托利故土的胜利而动摇此人的地位并削弱高卢军队士气的目标，从发展趋势来看起到了反作用。战斗随后集中在阿莱西亚〔Alesia，今法国阿利斯圣兰（Alise-Sainte-Reine）〕，恺撒围攻正在城中等待高卢援军的维钦托利。显然决战的时刻到了。恺撒生动地描述了军队如何包围这座山城，设了两个包围圈，外圈负责对抗预计会来的高卢援军。援军果然到了，罗马军队遭到内外夹击，数次陷入严峻的困境。恺撒的军团岌岌可危，但是最终坚持了下来，漫长的一天战斗结束后，援军撇下维钦托利及其部下散去了。维钦托利缴械投降后被关押起来，准备凯旋式时游街。由于恺撒直到前 46 年秋天才有机会举办凯旋式，这位高卢起义的伟大领袖整整坐了六年牢，最后被带到罗马示众处决。常常自夸仁慈宽宏的恺撒对这位高卢反叛者毫无怜悯之心。

恺撒最终战胜兵力占优的高卢部队，原因肯定在于他毋庸置疑的统军才干、强大的判断力、冷酷无情的性格和鼓舞士气的本领。同样重要的是罗马军团纪律严明，胜过高卢军队。

不过阿莱西亚一役体现了罗马军队后勤的关键地位：高卢军队作战的最大短板是无法确保部队长期给养，因此援军迅速撤走可能不仅是由于强攻恺撒阵地受挫必然引发的士气下降，更重要的可能是供给出了问题。如果没有及时足量地计划好物资储备和异地运输，一支大军可以很快吃空整片地区。后勤规划组织是恺撒的强项，而高卢军队却不断陷入供给困境。罗马军队的后勤远胜高卢军队，因此甚至可以尖刻地说，恺撒征服高卢主要归功于后勤搞得好。

就这样，恺撒于前 52 年底挽救了他的伟大征服，罗马政府又办了二十天感谢宴加以表彰。但是恺撒的老班子已分崩离析。许多他从前大力提携的贵族成了叛乱分子首领，就连他特别优待的爱杜伊人也叛变了。由于罗马无力亲自管理被征服领土的基层，恺撒必须依靠当地贵族搭一个新关系网，用武力或武力威胁再加上利诱建立执行亲罗马政策的部落领导层。因此恺撒当年冬天待在高卢，开春后开始整顿，用"甜面包政策"和"鞭子政策"系统地瓦解了快速形成也经受住了一些考验的高卢团结。

恺撒切断了最后一个抵抗堡垒乌克赛洛杜努姆（Uxellodunum）的供水，迫使被困人员投降，并派人砍掉所有带武器者的双手，活生生地向高卢人展示反抗罗马统治的下场，残忍地树立了一个反面榜样。前51/50年冬，恺撒继续留在高卢，着力重建信任关系，然后于前50年中期前往上意大利，预备重返国内政坛。

世人回忆前58年到前51年恺撒的总督任期和伟大征讨时难免产生矛盾的感情。征战、打击外族潜在强权以及在罗马扩大势力在当时肯定都算天经地义，用现代和平主义或人文主义的标准来衡量恺撒是不恰当的。但若是想到这些战争均为恺撒主动挑起并进行，按照罗马标准或许并无绝对必要性，我们就会感到不寒而栗：一块巨大的领土经历了八年苦战后被征服，主因只是罗马政府把一个强人排挤到纳博讷高卢当了总督，而此人急需一场大战。战争牺牲的人命很难估计，据恺撒本人说死了近一百二十万人，而恺撒很可能是说多了而不是说少了，古代的观念就是这样！就算死了一百万人，再试着加上同样数量的战俘和奴隶，考虑到高卢人口不过一千多万，那么我们就更能体会恺撒的伟大胜利对高卢来说是多么深重的痛苦了。再加上财产损失，有些毁于战火，也有些毁于征用和抢劫。传记作家苏埃托尼乌斯（Suetonius）写出了恺撒及其伙伴和士兵得到的好处：恺撒向罗马市场投放黄金的数量大得致使当时金价下跌了四分之一。恺撒规定高卢进贡一千万第纳尔，由于这个新行省地域辽阔，这个数字乍一看并不过分，但对这片满目疮痍的土地来说肯定已是一个沉重的负担。高卢人在不久后爆发的罗马内战中表现平静，主要是因为精疲力竭而非真心顺服。然而随着时间的推移，高卢真的接受了罗马文化和生活方式，成为罗马帝国一个罗马化程度很高的行省，今天的法语还能体现出这一点。

对恺撒本人来说，高卢战争标志着一个巨大突破。恺撒获得了赫赫军功，让已经有些褪色的庞培军功相形见绌。恺撒拥有一支至少包括十一个军团和众多骑兵队的大军，更可贵的是，凭借恺撒的帅才、战功和慷慨，军队对他个人的感情极深，他拥有一批主要是从贵族以外阶层招募并因而高度忠于他的军官。凭借在高卢赢得的战利品，恺撒还彻底解决了财政问题。有了高卢黄金，他不但能够慷慨赏赐所有战友，而且还能向罗马无数政客承诺提供资金援助。据苏埃托尼乌斯所述，恺撒并不介意要求借款人宣誓效忠。民众已经兴奋地期待着恺撒从前50年代中期就开始策划的宏大庆典和辉煌建筑。高卢战争之后的恺撒成了一个极其强大的人，但是他在前59年作的恶还没有被遗忘。而且正是因为恺撒的威望日高，盟友庞培对他的疑心才越来越重。因此，前50年中期搬到上意大利的恺撒既功业辉煌又前途飘摇，再次遭遇他一生中的常态：成败在此一举，要么成为执政官和罗马帝国第一强人，要么被耻辱地赶出统治阶级，躲到帝国某地度过余生。恺撒和对手之间的斗争渐近高潮。

第五章 绝不妥协——内战爆发

　　前 52 年恺撒忙于镇压维钦托利起义时，单独执政官庞培正在整顿罗马内政，按传统做法巩固体制。庞培带兵进城，组织在军队保护下针对造反头领的快速审判，颁布禁止在选举中动武滋事的新法。特别有新意但也引起争议的是庞培根据上年一项元老院决议制定的行省管理法：为了打破竞选负债与盘剥行省敛财之间的恶性循环，在罗马司法官或执政官任期和行省管辖之间插入一个五年过渡期，这一做法的另一效果是——这当然是针对恺撒的——今后官员任满后可以被立即追责。这法子很妙，但也有令人不悦的副作用，因为连累了那些以前逃避去行省任职的前执政官，比如西塞罗就只好垂头丧气地去了奇里乞亚（Kilikien，今土耳其南部），恺撒的老对手比布鲁斯也无精打采地去叙利亚做了西塞罗的邻居。

然而新法对恺撒的影响更为严重。旧法规定元老院须在执政官选举前确定当选执政官卸任后管辖的行省，结合前55年延期法中元老院不得在前50年3月1日之前分配恺撒行省的规定，最早要到前50年中期才能把高卢和伊利里库姆分给两位前49年当选的执政官，即要等到前49年才能派人去接替恺撒。而庞培新法让形势突然逆转：现在，在前50年3月1日之后就可以立即向恺撒的行省派遣新总督，新总督只需在前55年担任过执政官即可。

前52年，十位保民官申请批准恺撒缺席报名参选执政官，表明恺撒正在致力于回归国内政治。因为如果可以缺席报名，恺撒就因不必在选举和就任执政官前卸去总督一职而能确保不受控告，也就不会重蹈前60年因被迫亲自报名参选执政官而失去举办凯旋式良机的覆辙。而现在庞培却让人通过了一部规定人人均须亲自报名参选的法律，这实在太过分了！当保民官问庞培为何不对恺撒破例时，庞培轻描淡写地说只是疏忽，并在新法中增加了一个附属条款，可是这一附属条款自然是没有法律效力的。

前52年的恺撒发现庞培越来越显现背离的意向，而恺撒返回罗马的时间迫近了，征伐已于前52/51年之交结束，他的兵权渐近尾声，但是他的敌人显然并未忘怀并宽恕他的罪过，那他该如何顺利回归国内政治而不至官司缠身呢？此类指控不一定需要充分的理由，因为罗马刑法被理所当然地政治化了，而恺撒恰恰给敌人控告他送上了现成的罪名：担任执政官期间使用武力和攻击国家体制，这两项罪名很容易坐实，再者恺撒的总督任期为敌人控告他盘剥行省提供了口实。一旦恺撒被定罪，虽然不至丧命，但是政治生命会丧失，因为违法者必须流亡，自绝于政界。那么恺撒能否让下属动用武力来阻止罗马审判他，或者靠贿赂打赢官司呢？至少，自从前52年延长了西班牙兵权但仍留在意大利的庞培及其军队似乎要与恺撒为敌以后，这一点就没把握了。因此恺撒必须提防不丢掉官位，因为官位是防止被控告的最佳保证，或者他至少要带着自己的老兵在罗马做到武力垄断。恺撒前52年至前49年的全部政治策略正是为了实现这些核心目标，而敌人的计策则是为了实现相反的目标。

在前50年冲突的热点阶段，此前被视为恺撒敌对分子的保民官盖尤斯·斯克利波尼乌斯·库里奥最为巧妙地捍卫了恺撒的利益。库里奥的举动表明恺撒当时已经拥有巨大潜力。恺撒替前程远大的政客库里奥还清了据说高达250万第纳尔的债务，收买了他。但两人的关系并不仅仅是金钱交易，对于像库里奥这种志向高远的人来说，投靠恺撒这样一位强大的恩主是极有吸引力的。这件事清楚地体现了恺撒当时如日中天的地位。

库里奥让恺撒敌人的日子很难过。他不但否决了所有会造成恺撒丢官的提案，而且数次驳倒恺撒对手有漏洞的论点。他还懂得巧妙地利用元老院成员和民众对内战的恐惧，比如他一再赞同恺撒冠冕堂皇的说法——要恺撒交出兵权，庞培就必须同时交权，这一提案甚至于前50年12

月以 370 票对 22 票获得元老院的绝对多数赞成。这一主张一旦落实，则不但意味着即将告终的恺撒兵权和要到前 48 年才到期的庞培兵权被混为一谈，而且届时还会出现没有军队能够阻止带领大批老兵返回的恺撒任意妄为的情况。

库里奥卸任后，两位新的恺撒派保民官上任了：一位是日后名声大噪的马库斯·安东尼乌斯（Marcus Antonius），另一位是卢基乌斯·卡西乌斯·隆基努斯（Lucius Cassius Longinus）。前 49 年初恺撒的一封信被宣读，恺撒在信中重申自己的要求：要么批准他在上意大利总督任上缺席报名参选执政官，要么召回所有部队指挥官。时任执政官卢基乌斯·科内利乌斯·雷恩图鲁斯·克鲁斯（Lucius Cornelius Lentulus Crus）拒不理睬恺撒之请，反而要给恺撒规定一个解散军队的最后期限，恺撒若不从命，就判他谋逆。两位恺撒派保民官否决了这一提案；双方私底下不断讨价还价，恺撒甚至同意只留伊利里库姆一个行省和一个军团，据说庞培答应了，但是加图不肯。恺撒的建议没有被接受，而安东尼乌斯和卡西乌斯用否决权阻止了其他提案，元老院为了摆脱僵局,只好宣布紧急状态,授权庞培等官员采取适当措施保护国家。在紧急状态下豁免权有可能不保的安东尼乌斯和卡西乌斯逃去投奔恺撒,恺撒得以竖起捍卫保民官、为保卫神圣民权而斗争的大旗。当机立断,前49年1月10日,恺撒渡过山南高卢和意大利之间的界河,即现已成为知名景点的卢比孔(Rubico),打响了内战。

　　各种消息来源提供了关于恺撒和他的敌人(庞培现为其军事领袖)之间爆发内战的详情,详尽程度估计超过古罗马时代的任何其他事件,而且这些来源当然已多次经过现代研究的审查检验——主要是为了查清战争罪责问题。在恺撒身上我们可以发现一种执念:恺撒认为自己凭丰功伟绩而有资格获得大家的认可。罗马巨头的这种自我中心观令人诧异,其实它基本符合罗马贵族的行为标准,尽管恺撒显然绝对化和夸大了这些行为标准。而恺撒的敌人则显得狭隘、偏执,这一论断不久前被推向了极端,有人声称内战是恺撒的敌人故意挑起的,因为他们债台高筑,只能靠打内战重整旗鼓。然而这一判断忽略了问题的核心,即使我们承认矛盾升级为战争是受短期又短视的利益驱动的，但其背后也存在根本冲突：恺撒前59年首次任执政官时把寡头政权必不可少的干预手段变成了一场闹剧；如果允许恺撒顺利地再度担任执政官——这也是最后几场谈判的关键，就等于彻底放弃了对他违规责任的追究。而且可以预见，如果恺撒前48年再度担任执政官，他的行为不会与前59年时有根本差别，也就是说，他将再次不顾宪法规定可以提出的反对意见而强行贯彻自己的诉求，而这其实就等于独裁（dominatio）。由于恺撒执政官卸任后不太可能什么官都不当，而听任敌人控告自己，所以其实也已经可以预见他将会进行下一场大型讨伐，或许会攻打帕提亚或者布雷比斯塔的达契亚王国，反正会选一个大规模军事行动和专用兵权能说得通的地方。这样罗马就有出现一个超级庞培的危险，而这个超级庞培甚至没有条件像真庞培一样暂时忍受不当官而只做统治集团一分子的元老院成员，因为恺撒一直需要官位自带的豁免权，而在当官的过程中，他几乎必然会坐大。因此，前50/49年阻止恺撒从行省总督职位上立即转任执政官的那些元老院成员不仅是个人想找恺撒算账或者想借机扩大权力，他们确实在捍卫罗马共和国。再者，虽然恺撒在最后几场谈判中一再让步，提出新的和解建议，但是这绝不能掩盖他在核心问题上保持强硬的事实，他在乎的始终是达成一种确保他能够转入国内政界并当选执政官，而不是事先被对手用审判毁掉政治生命的解决方案，这也正是恺撒的敌人若是不想放弃罗马共和国就不能让步的原因。因此，这两种各有各理的观点之间没有妥协余地。

庞培摇摆了很长一段时间以后，定位于恺撒敌对面，这既是危机升级的重要时刻，因为加图一派若是没有庞培的权势做靠山，应该不敢这么强硬；另外，庞培始终是以个人利益为先，他最初与恺撒交好就是为了实现一些非常具体的目标；两人的关系后来得以保持，是因为庞培仍然需要这种关系，才能保全对自己至关重要的前 59 年恺撒法律。时至今日，显然庞培不必再担心元老院攻击与自己有关的法律了，因此与恺撒结盟对庞培就没用了。而且恺撒在高卢的巨大成功激起了庞培的嫉妒和猜疑，庞培并不乐见这个昔日的军事小伙伴成长为竞争对手。因此，想要纠正恺撒对共和国机制无情破坏的共和国捍卫者和努力将自己在帝国赢得的特殊地位转移到罗马的伟人庞培最终决定联手对付恺撒，这并不奇怪。相反，恺撒能拖延多年，使得这个对他构成威胁的格局这么晚才形成，这是很令人佩服的。

前49年1月恺撒发动内战之前大家其实已经害怕了很久。自从恺撒即将返回罗马，这种可能性在讨论中不断出现，公开场合谈得少，私底下谈得多，我们可以通过西塞罗的信件掌握部分情况。但是尽管大家显然常常谈论即将到来的内战，并且一直将之视为行动考量的背景，尽管他们曾在前80年代亲身见识过罗马内战从理论变为事实，但罗马人似乎还是不太肯去思考这件恐怖的事情有多真实。尽管大家揣测恺撒凡是罗马人能想到的政治恶行全都干得出来，但是说来奇怪，人们似乎还是并不真信恺撒会冒天下之大不韪发动内战。这种意识分裂的原因之一肯定在于：不去想内战等灾难在某种程度上是一种心理生存策略——过日子没法时刻想着天要塌了。但是还有一个原因：罗马领导层缺乏多样化理解。由于高度标准化的行为守则，他们的想法普遍倾向简单化，以为他人的世界观天经地义地等同于自己的。发动一场攻打合法政府的内战是犯罪，这一点确实很清楚，但是恺撒的敌人显然还不明白恺撒这类人能够无比坚定地相信自身要求的正义性和立场的合法性。在恺撒眼里，政府已经由于"不义"而失去了合法性。因此对恺撒来说，内战的门槛远远低于他的敌人潜意识中的假设。即使是像庞培这样一个冷静精细的人似乎也没能摆脱这种对形势的偏执看法，庞培没有做好应对恺撒攻击的军事准备这一事实本身就表明了这一点。前51年秋的一件小事可以更生动地体现庞培的错误。当时有人在元老院会议上问庞培："要是恺撒想既当执政官又保留军队，那怎么办？"庞培的回答是一个严格父权制罗马社会表达此问荒谬的反问："要是我儿子想用棍子打我，那怎么办？"15个月后，当确定不交兵权就无法参选执政官时，恺撒起兵了。

恺撒

第六章　铁剑雄心——恺撒内战

恺撒起兵的消息迅速传遍了整个意大利，引起了众人的恐慌。尽管恺撒军队主力还在高卢或至少还在意大利北部，但是他手中的一个军团足够先发制人了。意大利小城纷纷投靠，当地驻扎的罗马士兵大批反水。恺撒的敌人虽然事先做过模拟演示，恺撒的进攻还是让他们措手不及。他们满以为自己全心信赖的庞培能一举制服这个恶人，没想到庞培明言必须弃守罗马，被这一军事小策略吓慌了的元老院成员大肆攻讦庞培。烽烟一起，局势就明朗了：主要为了个人目的起兵的恺撒对军队的绝对领导权是战争的一大优势；而站在执政官和大部分官员一边被迫应战的庞培尽管对外占据道德高地，却不得不忍受己方那些不买账的高层人物的阻难和傲慢。

恺撒的进攻引起了罗马城的大逃亡。但凡有点地位名望的人都想方设法要在这个从北方打来的逆贼进城前逃走。庞培呼吁全体正义的元老院成员撤到意大利南部。人人都认为恺撒会像昔年苏拉那样对敌人大开杀戒。惊慌失措的执政官们不顾应战急需资金，连国库宝藏都抛下了。不过有一条理由可以为他们辩解：当时的货币还是用贵金属制成的，无法把大笔资金简单地打包带走，需要组织一个驮队运输，得先去买驴，还得装货，而且运输速度缓慢。不过罗马政府认为无暇携带资产主要还是恐慌引起的。

这时庞培宣布将离开罗马，动用帝国东部半数武装力量对付恺撒，这对许多被牵涉到的元老院成员来说是一场新灾难。庞培夸口说他一跺脚就会遍地冒出来的军团究竟在哪里呢？完全误判军事形势的恺撒之敌显然还在指望能在意大利拦住恺撒，等到当年夏天就能再次享受那不勒斯海湾迷人浴场的惬意。没想到现在敌人攻上门来，害得他们背井离乡地去打仗，还得完全仰仗东方恩主庞培的帮助。无论如何，最后有两百名左右绝望的元老院成员跟随庞培渡过亚得里亚海。

恺撒打仗最可怕的特点是他著名的做出并落实决定和组织军队行动的神速（celeritas）。我们已经看到这一杰出能力并不仅仅限于军事行动。一个人的能力通常是以单位时间内完成的工作量来计算的，这样算来，恺撒确实是个大能人。前49年，他差不多是一收到罗马宣布紧急状态的消息就决定主动出击，让罗马寥寥几个有头脑的政治家都大吃一惊。恺撒打仗的诀窍就是永远比对手能想到的更快，所以他可以几乎兵不血刃地占领罗马，还截住了庞培派（今人对恺撒内战敌对面的统称）招募的几支队伍。他意志坚定地迅速推进，因为只有抓住庞培，他才能彻底胜利。恺撒日夜急行军，可惜到达布仑地苏门［Brundisium，今意大利南部港城布林迪西（Brindisi）］还是太晚了，没能拦住庞培及其部属渡海。由于船只不够，恺撒只好作罢，转而进军罗马。

但是若论起兵理由的说服力，恺撒现在是明显落后。罗马上流社会认为恺撒起兵攻打合法政府是令人发指的恶行。恺撒夸大为内战理由的种种说辞——捍卫保民官自由、功勋统帅恺撒受到无礼冒犯、元老院被一个敌对小集团控制——无法改变问题的核心。但是恺撒在无数信函和演讲，后来也在战记中关于内战所做的宣传显出了效果。在强权人物手按剑柄讨论法律问题的时代，被威胁者的生存本能会催生一种极强的适应力，因此很多人愿意接受恺撒那套听起来冠冕堂皇，其实是为了掩盖叛国行为的论据。意大利上流社会迅速发展出一种威权政府治下民众典型的人格分裂：他们表面上相信官方宣传，骨子里却不信。

但是恺撒还用了另一种办法为罗马官员袖手旁观提供便利。烽烟一起，庞培派就宣布，因为每个正义市民均有责任保卫罗马国家不受一个叛乱总督所害，所以市民必须积极行动，否则就被视为敌人。而恺撒则宣布此战是他和敌人的私人恩怨，民众不宜卷入。双方立

场都有道理，但是庞培派的"非友即敌"准则在当时局势下苛求了意大利的罗马人，而恺撒建议民众保持中立则符合正当的安全需求。恺撒起兵理由的弱势由此得以反转。当时罗马的基本气氛就是：宁可不出头，也别做无谓抵抗或跟随庞培派浪迹天涯，而恺撒用一次引人注目的行为强化了这种气氛：他的宿敌路奇乌斯·多米提乌斯·阿赫诺巴尔布斯在科菲尼乌姆（Corfinium）被擒，恺撒释放了他，此人投奔庞培，继续和恺撒作战。恺撒用"科菲尼乌姆饶恕"（clementia Corfiniensis）证明自己不会像苏拉那样滥杀，而只想夺回自己应得的东西：象征对其功勋认可的一个罗马尊位。在接受此说和忍受长年艰难征战这两条道路面前，大批统治阶级成员决定选择舒适的前者。

到达罗马后，恺撒不顾此前的中立建议，逼迫元老院留守成员与他联合执政。而元老院成员不答应，连派人去庞培处劝和都不肯，恺撒就说，你们若不与我联手，我就单独执政。内战打到这一天，恺撒充分表现出他在前59年就初露端倪的立场：他给每个人机会赞同他，但是不接受拒绝。

对元老院大失所望的恺撒摘下了法治面具，越过城界，攫取国库宝藏。依法此举会导致他失去行省总督权，可恺撒现在顾不上表面形式了。但是更令罗马人寒心的是恺撒对用身体保卫国库的保民官卢基乌斯·梅特卢斯（Lucius Metellus）的态度：恺撒用武力威胁迫使他让路，也就是说，恺撒对待保民官神圣权力的态度与他所指责的敌人的态度并无二致。恺撒撤回西班牙时，他在罗马的名望已跌至冰点。

恺撒转而挺进西班牙，那儿驻扎着由庞培的三员副将指挥的七个军团。恺撒没有渡海去希腊追庞培肯定不仅是由于缺乏船只，虽然他不愿把敌人唯一完好的大军留在背后，但是他肯定担心西班牙军队会在他去希腊时攻入意大利，致使庞培派重新占领帝国的核心领土。结果恺撒在西班牙大捷，短短四十天就智胜庞培亲信卢基乌斯·阿弗拉尼乌斯（Lucius Afranius）和马库斯·佩特雷乌斯（Marcus Petreius）率领的五个军团，敌人被迫在伊列达（Ilerda）投降，由著名博识学者马库斯·特伦提乌斯·瓦罗（Marcus Terentius Varro）指挥的余部不久后向恺撒投降。恺撒迅速整顿各个行省，赏功罚过，征收军税，解散不愿归降的敌军，任命新总督。然后他回到意大利北部，意外地遭遇了一场特殊而严重的危机：普莱森奇亚（Placentia）兵变。

罗马军队渐渐从一个保家卫国、扩张领土的民兵组织发展成了一支训练有素的职业军队。战争往往是苏拉之后罗马共和国士兵唯一的收入来源，因此士兵的物质欲望极强。原本统帅和军队之间的相互依赖关系在内战时就变成了统帅严重依赖军队，因为毕竟士兵对付的不再是外敌而是同胞，叛变总是可以说成弃暗投明，常常得到很大的好处，士兵可以很容易也很占便宜地换阵营或者完全退出争端。而统帅则唯有咬牙走完同一条路，非胜即败。在这种局面下，士兵的筹码增加了，现在第九军团就是利用了这种情况，从那里开始传播对恺撒的批评，说恺撒故意拉长战争就是为了拖延支付赏金，而且还没有财物可供士兵抢劫。恺撒决定硬碰硬，宣布对第九军团实行十一抽杀率

（decimatio），这是极其残酷的一种古罗马传统刑罚，每十个士兵中不论对错而抽签决定处决一人。军团余部恺撒决定解散，他宣布不会屈服于压力而增加赏金，结果加薪无望的哗变士兵纷纷请求留任。恺撒批准了这一请求，并同意减轻处罚，但坚持对一百二十名哗变头领实行十一抽杀率，无情地处决了十二个人。

恺撒聪明地克服了危机，而上述举动体现了他的极度冷血。他当然非常需要士兵，所以威胁解散军队其实是虚张声势，但是他也知道一旦妥协，自己就完全受制于士兵的情绪和利益需求了。普莱森奇亚的恺撒和高卢的恺撒一样深谙驭兵之道，战时也不例外。恺撒军队的斗志、纪律和忠心优于所有其他军队，这主要归功于恺撒治军有术，当然也同他的士兵在高卢战争中积累了丰富的战斗经验和恺撒常常慷慨劳军有关。

然后恺撒去了罗马，在通过一部人民法后，司法官马库斯·埃米利乌斯·雷必达（Marcus Aemilius Lepidus，老雷必达之子，也称小雷必达）任命恺撒为独裁官。在罗马共和国早期和中期，独裁作为一种紧急状态权曾多次动用，最初只是为了克服军事危机，后来也用于完成组织选举等中小型内政任务，由两位当值执政官中的一位在元老院事先做出决议后任命一位有权指挥其余官员的独裁官。这位独裁官马上任命一位听他指挥的骑士统领（magister equitum），然后一直任职到任务完成，但最长不超过六个月。由于任期不得超过六个月这条规定在远征时代不再合用而且会加剧监管问题，在第二次布匿战争①后这一职位不复使用，直到一百二十年后被苏拉再度启用。不过苏拉独裁与远古罗马的独裁相比有一个本质变化：新的独裁官职务描述为"起草法律，稳固国家"，六个月的任期限制随之被取消，因此苏拉最后的辞职相当出人意料。无论如何，现在每次独裁都会唤醒民众对苏拉独裁的联想。因此，恺撒出任独裁官是进入了一个历史负担沉重的地带。

恺撒的问题在于他并没有其他途径可以用勉强正规的手段当上执政官，以便既能拿到这

---

① 古罗马与迦太基争夺地中海西部统治权的战争，共三次，第二次发生在前218年到前201年。

个战前争执的标的物，又能一举填补落后于庞培派的国家法律缺陷。如果恺撒当上罗马执政官，就能顺理成章地要求罗马帝国各个机关服从，而用不着再作为叛乱总督与对立面的执政官相争，那将会是一个巨大优势。但是执政官选举只能由执政官或独裁官组织，而前49年的两位执政官在希腊与恺撒作对，要当上执政官，就绕不过当独裁官这条路。其实本来独裁官也得由执政官任命，但是这相对还算好办，因为可以由民众破例批准来勉强过关。

恺撒首个独裁官任期的主要任务是组织选举，选举结果是恺撒与前63年大祭司长职位竞争对手之子普布利乌斯·赛维利乌斯·伊扫里库斯（Publius Servilius Isauricus）共同当选执政官。其余官位当然全由恺撒的人就任，出缺的神职现在也满员了。恺撒还出台措施缓和债务问题，由于大家在战乱年代不愿借钱或允许缓付，越来越多的债主索回欠款，所以债务问题日益严重。他还终于如他初入仕时就关注的那样批准被流放者后代返回。当上独裁官仅仅十一天，恺撒就辞去职务，前往布仑地苏门，他的十二个军团已经在那儿等他一起去希腊了。

在前几个月里，庞培派已经占领了罗马帝国整个东部，拉起了一支大军，还占领了北非，全歼恺撒麾下指挥官库里奥的部队。庞培派的海上优势进一步增强，他们雄踞亚得里亚海，还不时袭击意大利。但是恺撒还是成功地在前48年初带着两万人渡过亚得里亚海，悄悄地在伊庇鲁斯（Epirus）登陆，迅速说服几个城市投靠，但是庞培的海军上将、恺撒的宿敌比布鲁斯加强了对亚得里亚海的防守，导致下一批恺撒士兵一时无法渡海。

据说恺撒在这些天里为了争取对庞培作战所急需的援军，曾经乔装改扮，只带了几个人乘小船回意大利搬救兵。海浪凶险，船长想掉头，恺撒鼓励他道："你载的是恺撒和他的好运！"可惜这也没用，恺撒最终无功而返。

这个只载于后世文件的段子肯定并非毫无疑点，不过它传神地体现了恺撒的性格特征，突出表现了他对自己和自己的好运充满信心。今人眼前会浮现一个自信得敢于冒虽非无谓但不理智的风险的人物。恺撒的主要性格肯定是擅长冷静谋划，但他也是一个赌徒。恺撒还有一句名言可能是目击者和后世历史作家盖尤斯·阿西尼乌斯·波利奥（Gaius Asinius Pollio）说的，比较可信，此言可以佐证这一观点：恺撒昔日渡卢比孔河时曾经——当然是用希腊语——援引他最喜爱的诗人米南德（Menander）的一句话："骰子即将掷下！"顺便说一句，今日流行的说法"骰子已经掷下！"有一个重大的意义转变：恺撒渡卢比孔河时强调的是他即将开始一个结果未知的游戏，而不是做出了一个不可逆转的决定。这种愿意冒险的性格无疑与他深信自己幸运有密切关系。老是走运的人普遍好赌，而恺撒一再强调此战主要是凭运气。

渡海失败后，恺撒致函副将马库斯·安东尼乌斯和昆图斯·弗费乌斯·卡勒努斯（Quintus Fufius Calenus），严令部队尽快渡海。四月，部队成功渡海，恺撒并不在场，说明他此前亲身赴险实无必要。恺撒麾下现有三万四千人，可以开始给庞培施压了，尽管庞培的兵力仍远胜于他。恺撒试图在底耳哈琴〔Dyrrhachium，今阿尔巴尼亚都拉斯（Durozzo）〕围住庞培军，尽管地理位置不佳，还是形成了包围圈，可惜庞培突围了，恺撒军只好撤退。庞培过于小心地止军不追。恺撒评论道："若是敌方拥有一个胜者，今天胜利会在敌方。"

打了胜仗的庞培反而陷入了压力。他阵营中那些自视高明的官员认为恺撒已经不行了，现在应该给他致命的最后一击，庞培行动谨慎只是为了延长自己的兵权而故意拖延战争。于是他们催促庞培在希腊色萨利（Thessalien）的法萨卢斯（Pharsalos）决战。庞培被迫出战，因为他身边的元老院成员又是小吵小闹不断、又是夸口胜利后要如何如何，尖酸刻薄，不可理喻，导致疲劳战必需的军队纪律日益松懈。结果虽然恺撒兵少，而且庞培的线性战术很巧妙，但是恺撒在法萨卢斯战役中获胜了，起决定性作用的还是高卢军团无与伦比的战斗力。庞培军奔逃四散，有几位名人阵亡，还有几位后来与恺撒和解或退出战争，但是还有一批打算继续打仗的强硬派逃到北非，北非成了庞培派的新据点。庞培自己则逃到小亚细亚，乘船到达埃及。恺撒按原计划追击庞培。

十月初，恺撒只带了 3200 名步兵和 800 名骑兵乘 35 艘船到达亚历山大城，这时他获悉庞培已死。为了打消对这一消息任何可想而知的怀疑，来人不但带来了庞培的印章戒指，而且索性带来了庞培的头颅。据说恺撒刹那间热泪盈眶，原因肯定不仅是被这个恐怖的证物给吓着了。恺撒派人埋葬了庞培的头颅。曾为罗马第一伟人的前女婿庞培的悲惨结局肯定也让恺撒大为震撼。战败后逃到埃及的庞培原以为埃及人会回报他昔日的善举，结果却被作为败将残酷杀害，因为托勒密十二世智囊团认为庞培是埃及与赢家恺撒订约的绊脚石。这一骤变让世人有足够理由思考命运的起伏，不过恺撒还有一个理由伤心：他一直努力想抓获庞培，也追击庞培去了法萨卢斯，而没有追击在克基拉岛［Korkyra，今希腊科孚岛（Corfu）］和帕特雷（Patrai，也写作 Patras）与余部会师的敌军主力。如果能在埃及生擒庞培，除非恺撒想毁掉费尽心机树立的宽宏形象，否则他就不能杀庞培，而应该和庞培谈判，当然谈判条件主要由恺撒定，这样一来，恺撒在罗马的名望就会更高，他的对立面会进一步缩小而且更加孤立。但是如今覆水难收，恺撒没能使昔日战友回心转意，庞培死了，虽然不能说是恺撒杀的，但可以说庞培是因恺撒而死。

因此法萨卢斯战役的结局在许多层面意义深远。除了上述情况外还须补充一点：罗马收到捷报后，决定授予恺撒各种荣誉和权力，最重要的是任命恺撒为一年独裁官并授予普遍作战权。帝国整个东部均与恺撒媾和，急着用唯命是从来洗刷此前与庞培派合作的污点。

恺撒本人写道，他在亚历山大城登陆时，虽然兵力不足，但他深知法萨卢斯战役大捷会引起巨大的心理效应，而且最大的任务已经完成，但是他痛楚地发现自己的威望不足以让当地民众完全顺服。当十二名卫兵肩扛束棒导引罗马执政官恺撒进城时，亚历山大城人就将此举视为罗马政权的傲慢，因为埃及形式上依旧是一个独立国家，罗马官员不应持皇权标识踏上埃及领土。民众的反对引发了暴力事件，恺撒的几名士兵死于非命。

恺撒在埃及住下而且硬是搬进了宫城，这对于朝廷和百姓来说都是一个打击。他们杀死庞培本是为了尽快摆脱恺撒，结果反而引狼入室。恺撒要求埃及支付前59年托勒密十二世为了让罗马政府承认他而在罗马承诺支付的钱款。恺撒肯定料到亚历山大城人会生气，尤其因为一千万第纳尔真不是一个小数目，不过估计他没想到会由此陷入一个天大的危机。

滞留埃及和不久后爆发的亚历山大城战争是恺撒政治生涯中最严重的政治错误。平日里对付盟友和敌人都游刃有余的恺撒在亚历山大城却粗笨得宛若大象闯进了瓷器店。面对错综复杂的埃及局势，通常算无遗策，甚至在办公处整理人员档案的恺撒一反常态地无知而幼稚。继卫兵出事后，恺撒又莽撞地卷入了埃及王位之争。

前51年，托勒密十二世驾崩，遗命儿子托勒密十三世和女儿克利奥帕特拉七世即位，两人根据古老的埃及传统结为夫妇。在一段充满争吵和诡计的共同统治后，前49年秋，克利奥帕特拉被逐。此时正急于摆脱尴尬处境的恺撒灵机一动，决定硬是以受托勒密十二世之托监督遗嘱执行的罗马人民执政官的身份仲裁王位之争，召见这对反目的姐弟。克利奥帕特拉答应来，但是要求单独谈。按照希腊作家普鲁塔克（Plutarch）的传奇描述，结果克利奥帕特拉让人把自己装进麻袋偷运入宫，突然出现在恺撒面前。托勒密十三世次日来开会时，意外地发现姐姐已经在场，他大叫一声"上当了"就冲进人群，扯下古希腊式王权头带（Diadem）。这个戏剧化的陷阱激怒了民众，恺撒的士兵刚截住小国王，民变骤起，恺撒等人只好赶紧退守王宫。为安民心，恺撒宣布姐弟共同执政。可是服侍13岁小国王的太监波提诺斯（Potheinos）还是担心小主人尊位不保，叫来阿基拉斯（Achillas）将军的部队，打响了亚历山大城之战，其间有一回罗马军队兵败，恺撒竟然被迫跳海逃生。

总之恺撒卷入埃及王位之争是一场灾难。他本想撤出舆论火线，把这一争端交还给埃及人去处理，可惜不但未能如愿，民众对他个人的敌意反而越来越深。显然恺撒此前并不知道克利奥帕特拉在国内多么不受待见，她在朝廷、民众和军方均无势力，恺撒本想扶持她，结果却导致对手齐心对敌。克利奥帕特拉无疑是个极有风韵的女子，众所周知她和恺撒开始了一段恋情，因此可以理解古人和今人都喜欢把恺撒的失策归咎于被爱情冲昏了头脑。不过这一说法不太可信，因为恺撒是在认识克利奥帕特拉之前就想扮演仲裁者角色的，当恺撒宣布将推出何种解决方案之前，托勒密就已经觉得上了错选克利奥帕特拉的恺撒的当。此后，恺撒若是不想破坏自己坚定的罗马政府代表和伟大恩主的形象，就不能抛下克利奥帕特拉不管，况且即使他这时改变态度，埃及人也不会转而信任他。但是还有一个原因：对于罗马贵族来说，很难想象政客会受情爱的影响。这些大人物频繁娶妻又迅速离婚，谈情说爱潇洒随便，看重性生活的男人可以畜性奴，何况恺撒是个有名的唐璜，和布鲁图斯（Brutus）之母、加图的同母异父妹妹塞尔维利娅（Servilia）就长年私通。罗马上流社会男性可以轻易满足自己的性欲，当然不能因此排除他们因深爱某位女性而愿意为之放弃自己的生活目标——政治——的可能性，不过这种概率很小。无论如何，有一点是肯定的：恺撒严重误判了形势。

救星是一支由恺撒亲信、帕加马（Pergamon）的米特里达梯斯（Mithridates）在小亚细亚和叙利亚召集的援军。士兵中有很多犹太人，恺撒一直优待犹太人，赋予他们后来由奥古斯都及后世罗马皇帝确认并扩展的重要特权，这些特权为犹太人提供了罗马帝国宽容接受犹太生活方式的保障。此前被恺撒释放的小国王托勒密十三世在亚历山大城战争中阵亡，克利奥帕特拉顺利即位的道路扫清了，她照习俗嫁给一个更小的弟弟。然后恺撒和克利奥帕特拉不顾埃及烽烟四起而同游尼罗河。恺撒肯定很享受与美丽聪颖的女王相伴，但是估计另一个重要目的是巩固女王的统治，募集急需的资金，毕竟这是他冒了这么多险的目的所在。

前47年春天，恺撒乘船去叙利亚，因为在他着手处理意大利乱局、对付在非洲坐大的庞培余部之前，他还得教训一个放肆的战争受益者：罗马宿敌本都国王米特里达梯斯之子，博斯普鲁斯王国（Bosporan Kingdom）国王法尔奈克（Pharnakes）。此人利用罗马威势因内战而削弱和恺撒忙于处理埃及事务之机，侵入罗马帝国小亚细亚各行省，在尼卡亚（Nikaia）击败了一支罗马军队。恺撒迎战法尔奈克，在泽拉[Zela，今土耳其卡帕多西亚（Kappadokien）]全歼其部。此役之后，恺撒创造了"到、见、胜"（veni，vidi，vici）这句名言。

现在恺撒得火速赶回乱成一团的意大利去了。前48年，不满的下属和宿敌就在罗马和意大利批评恺撒的减免债务规定，要求发布一个债务公告来安抚那些绝望的债主，但是因为主要人物旋即过世而未能付诸实施。前47年，恰巧也是西塞罗女婿的恺撒下属普布利乌斯·科尔内利乌斯·多拉贝拉（Publius Cornelius Dolabella）旧话重提，另外还要求发布一个租赁公告。多拉贝拉的随从和恺撒独裁官的骑士统领、奉命维持意大利治安的安东尼乌斯的军队产生武力冲突，八百名市民丧生，这对恺撒政权的声誉有损无益。局势一触即发，经济又吃紧，为非洲战争招募的几个军团还闹了一场兵变。

前 47 年秋天，恺撒再度来到罗马，他得先解决最严重的问题，又不能把得罪不起的富人得罪得太狠。他打算暂定一个租金上限。为了非打不可的非洲战争，他又需要一大笔钱，于是他开始没收和拍卖内战敌人的财产，并且在意大利征收军税。最后他着手处理兵变。暴怒的士兵甚至挺进罗马，要求解散军队，他们显然知道这对恺撒来说将是灾难性的打击。恺撒在练兵场上对他们打了一场漂亮的心理战，称他们为市民（quirites）而非战友（commilitones），等于宣布他们已经成为平民。他还许诺从非洲带领其他士兵凯旋时就支付承诺的赏金。就像前 49 年在普莱森奇亚时一样，他这回也成功地使得强硬的士兵回心转意，他们苦苦哀求留任。恺撒当然同意了，还答应士兵打完这最后一仗就给他们分配住房和补贴。

从前 47 年冬天到与小雷必达共同担任执政官的前 46 年，恺撒在罗马主持了选举，前 46 年年底渡海前往非洲。庞培派则利用这段时间重整法萨卢斯之后低落的士气，重建军队，并与虽然在世界帝国罗马面前有点放肆但实力强大的努米底亚（Numider）国王犹巴（Juba）结盟。恺撒给犹巴的骑兵制造了一些困难。前46年4月，在几次交战后，恺撒在塔普索斯（Thapsos）会战中险胜。这场内战大大消耗了双方士兵的耐性，连恺撒军队都出现了自相残杀的惨状。庞培派领导中唯一逃脱的是在内战前叛变的恺撒副将提图斯·拉比埃努斯。庞培二子格奈乌斯（Gnaeus）和塞克斯图斯（Sextus）逃亡西班牙。

恺撒胜利的消息传到了在尤蒂卡（Utica）主管庞培派军队后方的恺撒对手加图的耳朵里，加图决定结束生命，他以真正斯多葛式的淡定自裁了。加图的死并非出于惊慌，而是一个政治信号。加图很清楚恺撒会乐于在他身上展示精心设计的赦免措施体现的仁慈（clementia），但是加图不愿接受一个没有赦免民众资格的人的赦免。此事再次表明统治者赦免行为所体现的被赦免者的臣服与一个共和国贵族的自由精神是相悖的。共和国后期无可争议的道德楷模加图用自裁永远保存了这一真理，以致那些——情有可原地——缺乏加图的勇气和原则性、只好接受恺撒式仁慈的贵族愧疚终生。恺撒马上领会到死加图能比活加图制造更大的麻烦，对加图的这一回击大为恼怒。

罗马用新一轮尊荣和权力回报塔普索斯捷报，任命恺撒为十年独裁官，这样恺撒就能长期领导罗马政府了。前46年夏天返回罗马的恺撒终于举行了各场战役的凯旋式，包括由于紧急的内战任务而推迟多年的高卢战役凯旋式。辉煌的凯旋式及大型竞技和全民饮宴清楚地向罗马民众表明胜利者恺撒已在这场可怕的内战中站稳脚跟，身经百战的他如今拥有前无古人的权力。恺撒开始推行一项大规模老兵安置计划并进行了一些改革，但是不久后不得不再去西班牙，因为他留在那儿的副将无力应付组建了一支新军的庞培二子。

这最后一仗恺撒不得不靠大批新兵来打，他由此深切体会到高卢老兵的可贵。前45年3月蒙达（Munda）战役一直陷于绝境，恺撒被迫亲自上战场稳住阵脚。幸而获胜后，恺撒写道，他常常为了胜利而战，但还是头一回为了保命而战，可见当时的战局有多险。

恺撒用了四年多时间在环地中海地区和对手全力争战成功，成为罗马世界的独裁者。现在恺撒的权力、罗马政府和罗马帝国亟须巩固。统治阶层的期望显而易见：他们不能想象一个没有集团内部力量相互制衡的共和国，所以他们虽然可以接受恺撒为了稳固政权而短期独裁，但是不能接受把国家体制改为帝制。但是事实很快表明恺撒无意重回老路。

第七章　恺撒帝国

　　恺撒于前 46 年击败北非庞培派，这些恺撒前 50/49 年敌人的事业终告覆灭。后来在西班牙再次集聚的那股敌对势力不过只是庞培派中层领导向恺撒个人寻仇的一次动乱而已，因此就连旧共和国的信徒也不支持那股势力，尽管他们并不赞成恺撒集权。

　　从前 49 年到前 44 年，罗马政府中恺撒一人独大。为了抵御外敌，最初的确需要人担纲指挥，代表罗马开战并要求行省居民提供帮助。前 49 年短期担任独裁官后，恺撒当选前 49 年执政官，前 48 年秋天被任命为一年独裁官，卸任后落实前 48 年底获得的重建安宁和平的任务，补上了仕途缺口，前46年三度出任执政官。前46年中期成为十年独裁官，这并没有妨碍他于前45年兼任单独执政官。前44年他第五次出任执政官，当年2月底就任终身独裁官。

除了终身独裁官，恺撒还逐渐增添了许多特殊权力。很久以前，法萨卢斯战役之后，庞培派的命运就已掌握在恺撒手中，他还有权不经抽签直接分配给卸任司法官行省，后来也有权直接分配执政官行省。塔普索斯战役之后，恺撒任风化官（praefectus moribus）三年，拥有约束罗马上流人士公私生活并制裁过错的重要监督权，并在任职期间出台了一部廉政法，不过恺撒的监管努力与众多前任一样收效甚微。估计在前47年，恺撒就获得了照顾其老兵所需的分配土地和建殖民地的权力，蒙达战役之后又增加了三项重权：只有恺撒本人或经恺撒授权的人士才能拥有军队，恺撒由此成为整个罗马帝国的军队总司令，可以随心所欲地任命军队要员，他权力的事实基础——军队——得到了全面保障；几乎同等重要的是对此前一直由元老院掌管的公共资金的控制权；恺撒还

于前 44 年左右被授予保民官神圣不可侵犯权
（sacrocsanctitas）。

现在只缺关于选举的权利了。恺撒高度重视选举，尽管长住罗马的时间不多，但他执政期间亲自主持了几乎全部选举。早在前 48 年，就已决定由恺撒举荐全部高级官职候选人，由于举荐人人可为，此权的妙处倒不在举荐本身，而在于正式的选举过程：何时选举取决于恺撒的举荐，也就是说，恺撒若不愿某职在他缺席时被授予，只需拒绝举荐即可，前 48 年、前 47 年和前 45 年的选举就这样被推迟到他返回罗马后才举行。前 44 年，恺撒又被授予对除执政官以外职位半数的有约束力的举荐权。他还下令提前选出前 43 年的全部官员和前 42 年的执政官和保民官。

恺撒自内战爆发后积累的这批职位和授权清晰地表明，罗马共和国已经转变成一个彻头彻尾的君主国即独裁国家。就各种官方决策权力而言，恺撒凌驾于除公民大会以外的所有集体机构以上，而公民大会在罗马共和国也只是一个没有独立影响力的赞成机制。除了手握重权外，还有无数尊荣将恺撒置于其他贵族之上、几乎近于神的领域，比如抬神像游行时也会抬一座身着凯旋礼服的恺撒像，还有一座恺撒像矗立在朱庇特神庙里，脚踩一个象征文明世界的圆球，铭文中称其为半神，总之恺撒像遍布罗马。通常由军队授予打胜仗的统帅、在凯旋式后即取消的"皇帝"衔成了恺撒的一个可世袭的名字，显然是作为常胜将军的象征。恺撒得到一座具有皇宫和神庙式样山墙的公房（domus publica）。恺撒诞生的月份被由古罗马历的"Quinctilis"改称恺撒的名字"儒略"（Iulius），成为欧美语言中"七月"的词源。还决定建一座庙宇弘扬恺撒的仁慈并任命一名祭司，不过此庙直至恺撒去世还未建成。尊荣清单还很长，但上面的缩略版就能体现恺撒在罗马社会中无处不在的优越地位。

恺撒的大权是建立在他的军队和罗马帝国资源的基础上的，而恺撒又把帝国与他本人紧紧相连：他几乎去过每个行省，在当地颁布无数法令并向帝国居民做出种种承诺。他赐予各种特权并褒奖个人和地方组织，到处给人留下若想在罗马总部办成事就得求他的印象。他还向整个帝国派遣了一支至少包括 34 个军团的军队，既极大程度地确保了罗马对当地的控制，又能随时提供应付动荡和骚乱所需的强大力量。帝国发生的这些变化使得罗马城中的争吵显得无足轻重了。若是再想到恺撒也在罗马和意大利靠施恩笼络了众多个人和团体，那么显然他已经在罗马恩赐制中赢得了一个其他贵族的力量全部加起来也无法抗衡的地位。

恩赐关系是一种不平等群体之间交换服务的个人关系，每项善举（beneficium）都会产生一项义务（officium）的古罗马原则使得就连寻常互动也会不断产生并加强恩赐关系，而且这种关系通常代代相传。想在罗马政坛发挥主导作用的恩主必须拥有一大批义务人。然而寡头政治的生存法则之一就是不准大恩主中的任何一个势力太大，因为特殊地位一旦形成，会由于大恩主的吸引力而越来越高，难以回头。纵观恺撒内战后发展起来的罗马恩赐制，就可以发现罗马正是从苏拉和庞培等伟人开始一步一步地走向帝制的。

研究中有一个问题屡屡引起争论：实施事实独裁的恺撒是否也有称帝的意愿呢？罗马人厌恶帝王称号，各阶层民众根深蒂固的基本信念是：帝王必定是民众必须尽一切力量摆脱的暴君。尽管如此，恺撒还是在某些情况下被与王权联系在了一起，不过事情起因和幕后人物不明。比如有一天夜里，演讲台的恺撒像被戴上了王权头带，盖尤斯·埃皮迪乌斯·马鲁路斯（Gaius Epidius Marullus）和卢基乌斯·恺赛提乌斯·弗拉乌斯（Lucius Caesetius Flavus）两位保民官立即派人摘掉这一王权象征。前44年1月26日恺撒从阿尔巴诺山（Monte Albano）拉丁节（Feriae Latinae）庆典返回时，热情的群众中有几个人呼他为王，又是这两位保民官立即派员逮捕了这些人。恺撒对此表示不满，保民官的回应是一篇谴责对其自由的威胁的公文。这太过分了。恺撒召集元老院开会，称保民官的行为损害了他的尊严，但是没有同意元老院匆忙提出的死刑建议，只是批准将这两位放肆的官员撤职并从元老院成员中除名。不久以后，前44年2月15日，恺撒身着凯旋礼服，脚蹬罗马国王穿的红鞋，头戴金花环，坐在演讲台的一把金椅上观看牧神节（Lupercalia）活动。牧神祭司之一、恺撒的亲信和执政官同事安东尼乌斯，按照据说有助于增进生育力和洁净的民俗，光着身子在城里四处跑动并持鞭抽打围观群众。在一片欢腾中，安东尼乌斯跑到台上的恺撒面前，想给他戴上王权头带，人群顿时清醒过来，陷入冰冷的沉默。恺撒拒绝接受头带，他说，只有朱庇特才是罗马之王。他派人把头带挂在朱庇特神庙里并在日历中记下：安东尼乌斯执政官应民众要求向终身独裁官恺撒劝进被拒。

这些关于王位的故事不易解读。一方面，恺撒拒绝称帝；另一方面，很长时间不清楚恺撒是否想要王权和王位。最佳的解释或许是这样：恺撒显然是想过要称帝的，但前提是民众想要他称帝。因为在共和国的最末一个世纪，底层民众由于生活疾苦而越来越易于接受强烈的宗教体验，他们受到各种东方教派的影响，希望获得救赎，而这种希望往往被寄托在某个精英身上。因此罗马民众希望将其恩主抬高到神授君权的地位并非完全不可能，但是这一点必须先加以检验。在前两次尝试中，保民官立即干预，民众情绪未能完全爆发。保民官因此被撤职，现在需要最后再试一次。但是，虽有浓烈的节日气氛烘托，民众还是沉默了，并没有为安东尼乌斯的倡议鼓掌，结果显而易见：对帝制的传统敌意仍然占据主导地位，强行戴上王权头带不合民意。所以恺撒大张旗鼓地拒绝了劝进。

恺撒的大权和尊荣使得他和元老院同僚渐行渐远，他对民众的绝对领导地位，对王位的念念不忘，这一切都不可能合乎惯于在罗马政府最重要的机构里参政的元老院成员的心意。恺撒将一批世家子弟拉入阵营，有些是从一开始就进来了，有些是在恺撒打胜后进来的，恺撒那种——虽被过度宣传但是依然可敬——允许昔日敌手回归政府并分给一个好位子的大度为这种合作奠定了基础。另外还有一批态度中立者在战争结束后重回元老院。但是恺撒的元老院已经不是昔日的元老院了。大批元老院成员死于内战，其中庞培派死得最多，而恺撒不但用自己人填补了空白，还把元老院成员的数量从苏拉之后罗马共和国的约六百名增加到约九百名。这些元老院新成员大多出身于一直是培养对象的骑士阶级，但也有几个来自行省，至少让元老院旧人心生不屑，另外还有几个是恺撒的老兵，这些人就遭到了公然鄙视。再者，元老院高层在内战中伤亡惨重，而近年来出缺职位履新的几乎全是恺撒派，这些人借此实现了阶层跨越。就这样，新元老院一眼看去就是恺撒的元老院，绝大部分成员全靠恺撒才得以升官。恺撒需要犒赏大批支持者，也想笼络很多人，这可以理解，但是他的做法严重损害了元老院的工作能力，因为就本质而言，元老院存在的目的是事先就执政官的个人联系和活动达成共识，这样一个机构根本不可能在短时间内把约五百名新成员团结进来。恺撒死后，西塞罗有一回说自己根本不认识某位元老院成员，这不仅说明前执政官西塞罗看不起新人，也体现元老院的交流机制已经崩溃了。

这种种变化都很深刻而且可以预见，但是恺撒满不在乎。他的施政方针表明元老院在他眼里不再是一个政府部门，因此他不必担心自己的工作能力受到质疑，而是可以利用这个依然倍受尊敬的机构来安置功臣。前45年的最后一天，恺撒用一种极端的方式表明了这一点：获悉一位执政官亡故后，他断然指示在当天选出一位代执政官，然后此人继任执政官，这在旧共和国的信徒看来是一场屈辱的演出。虽然恺撒依然需要元老院成员，因为他也从元老院吸收自己的骨干，比如行省总督，但是元老院的顾问和决策功能恺撒从未认真动用过。既然如今元老院已经无力阻挠他，他就不愿再花时间去操心那帮贵人的狂妄做作和繁文缛节了。

政务则由恺撒自己的幕僚管理。早在高卢战争期间，恺撒就笼络了一批亲信，现在他的影响力延伸到了全国，这批人就辅佐他治国。卢基乌斯·科内利乌斯·巴尔布斯（Lucius Cornelius Balbus）、盖尤斯·奥皮乌斯（Gaius Oppius）和奥卢斯·希尔提乌斯（Aulus Hirtius）这些人在政治上几乎没有分量，他们在罗马历史上留名的唯一原因是他们一直在和独裁者恺撒合作。这个小圈子负责起草元老院决议和法律，具体流程是这样的：他们以元老院决议的形式起草一批文件，再交给元老院一揽子统一批准。于是就会怪事迭出，比如西塞罗某一天突然收到素昧平生的诸侯寄来的感谢函，感谢他为其申请授予国王头衔。可想而知元老院成员觉得这种做法令人沮丧至极。但是若想为自己和别人做点什么，就必须讨好恺撒。就像西塞罗经历的那样，骄傲的元老院贵族很难忍受在恺撒的接待室等候接见，而奥皮乌斯和巴尔布斯这种暴发户却可以随意出入。此种场景表明罗马权力中心已从元老院转移到恺撒办公处。西塞罗前执政官在给朋友的信中总结了这一深刻变化："昔日为（国家之）船掌舵的我们如今几乎连在舱底水中都无处容身了。"

元老院唯一的出场机会是不断通过决议，为恺撒颁发日益升级的各种荣誉，恺撒甚至拒绝了其中一部分。如果认为是恺撒让亲信放风索取荣誉，而很多其实不赞成这种尊荣和权力泛滥的元老院成员不敢表示反对，那就肯定无法看透这一现象。相反，从现代角度看，尊荣热是独裁政权的一种自发现象。若是一个人孤零零地站在国家之巅、一不高兴就能让人头滚落，那么公职人员就有保住此人欢心的生存压力，而给予荣誉始终是一个有效手段。连独裁者本人也无法推翻这一机制，因为即使他反复强调自己不重尊荣，他人也永远无法了解他是否真的无所谓，猜错上意的风险太大。是独裁者的独掌大权破坏了交流，独裁者本人也是受害者，因为他无法让人相信他并不介意下属有异议。因此恺撒冷落元老院在一定程度上是情有可原的，因为他在元老院只能听到赞同的声音，而于事有补的讨论（如果还有可能的话）只能和亲信进行，因为基于长期互信，亲信还敢直陈己见，或许他们也真的这样做了。

恺撒利用自己在罗马至高无上的地位发起了一整套改革，后人常常只知道个大概，有个碎片化的印象。总之恺撒打击了非因公特使即元老院成员动用公务特权在行省办私事的弊端；规定前执政官任行省总督期限最多两年，司法官最多一年；调整了对动武（vis）和谋逆（maiestas）等罪行以及陪审法庭人选的规定；授予多地民众公民权，比如北意大利民众就于前 49 年获得完全的公民权。他可能还为意大利民众颁布了统一的组织规章，不过这一点不太明确。可以肯定的是他推行大型安居政策，主要为老兵提供承诺分配的农田，让他们退役后能有一份生计，此外他还在海外殖民地安置了约八万名罗马市民，这项福利措施很英明，因为许多罗马居民在罗马生计无着。恺撒所建城市和安置人口数量很难确定，但是估计在各行省建立的新城就有三十多座。他把领国家赈济粮的罗马居民人数定为十五万人，因为此前领粮人数高达三十二万，他肯定得罪了这一国家优惠政策的许多受益者，但是此举提高了定居罗马以外地区的吸引力，并使得国库支出在可规划和可控范围内。他解散了一批团体，只允许古已有之的继续存在，从而降低了在共和国末期成立的反政府团体作乱的可能性。他还试图用给多子女家庭发奖金的办法来解决罗马怨声载道的人口下降问题。估计恺撒对后世影响最久的改革是修改历法，改用共有 365 日的太阳年。

对恺撒改革的评价大相径庭。有研究者认

为这证明恺撒能够富有创意和远见地处理罗马政府和帝国的问题；也有研究者强调恺撒采取的一切措施都是为了稳固自己的统治，无须为了解释这些措施而假设恺撒的愿景。后者说得对，不过不应高估这种观察的意义。相反，建立殖民地、授予公民权、前49年整顿债务、组织国防、分配粮食等措施表明恺撒懂得同时满足自身和公众利益，这正是他治国高明之处。要求政治家为了公益而损害自身利益是过分和不切实际的。因此，如果公众福祉与政治家的既得利益经常发生冲突，就说明政治结构有问题，换言之：倚仗精英舍己为人的政治体制有严重的先天错误。

前46年秋恺撒在非洲战胜后回到罗马，当时罗马统治阶级普遍认为恺撒将在国家稳定后退隐，恢复共和制。西塞罗在元老院感谢恺撒赦免前51年敌对派执政官马库斯·克劳迪乌斯·马尔塞鲁（Marcus Claudius Marcellus）的演说《为马尔塞鲁辩护》以独一无二的形式表达了这些期望。前45年恺撒被迫再次离开罗马，指挥攻打庞培二子的西班牙征讨，这被视为事出有因的推迟。然而，前45年秋天恺撒从西班牙返回后，虽然开展了热火朝天的种种活动，却似乎依然无意恢复共和，这使得一批元老院成员放弃了回到旧日的希望。前44年初，恺撒显然不久后就会开始与帕提亚的长年战争，这时已没有人再幻想恺撒会主动退隐，或哪怕是把恢复共和制当作远期目标了。攻打帕提亚意味着恺撒将有数年手握大权，率军深入亚洲，罗马政界将继内战中的遭遇之后再次沦为宏大战略的附属品。从罗马人的角度来看，攻打帕提亚肯定是合理的，毕竟马库斯·克拉苏及部分下属遭到帕提亚人的杀害或俘虏，而且帕提亚还于前51/50年侵入叙利亚行省，支持叛乱的恺西利乌斯·巴苏斯（Caecilius Bassus）。种种恶行必须惩罚，但此事其实并不紧迫。恺撒此前曾说自己不会在完成罗马内政任务之前去东方，那么他此时为何又急于动手呢？

帕提亚战争计划也被今人严厉批评为败绩，认为恺撒开战的一个目的是因为无法打消罗马政府内部的怀疑和拒绝、完不成巩固内政的任务，而以攻打外族来逃避。不过冷静观察后会发现恺撒实际上已经实现了诺言，尽力巩固了内政：他拥有单独治国的权力，为帝国的每个阶层都做了好事，他周围有许多帮手。他唯一缺乏的是领导层对他推行帝制的赞同，而这种赞同，即使他继续留在罗马，他也得不到。另外，他可以预见，只要他一走，感觉到权力真空的罗马就会再度陷入动乱和冲突，这时他就可以像前47年那样回来平乱。这样就可以使得一种观念逐步形成：维持——君主制所代表的——平静和秩序是很可贵的，如此一来，元老院旧人或许也能慢慢接受变化。虽然必须要经历这样一个适应过程，但是为了不让大家误判他的意图，无谓地拖长这个过程，恺撒把话挑明了：前44年2月中旬，他应前45年底元老院之请开始实行终身独裁（dictatura perpetua），正式终结罗马共和国。没有一个罗马人，至少没有一个或多或少参政的罗马上层人士能够无视此举的意义：现在有一个人要终身担任国家元首，终身独裁等同于正式宣布国家体制由共和转为帝制。有一点观察者也要注意：前46年秋天被任命为十年独裁官的恺撒本可稳坐元首宝座直到前 36 年秋天，所以他急着在任满八年前当上终身独裁官并非为了达到某个实用目的，此举唯一明显的目的是向民众尤其是共和贵族彻底表明，恺撒独裁不应被视为旨在重新稳定政府的临时状态，而是共和国被永久变为君主国。

"永久"事实上不久。恺撒享受悦耳的"终身独裁官"新头衔不过约莫四周，就于前 44 年 3 月 15 日遇刺身亡，"三月望日 ①"后来也成了专用语。

---

① Iden，古罗马历三、五、七、十月的 15 日和其他月份的 13 日。

第八章　刺杀成功而政变失败——罗马独裁者和共和国的悲惨结局

恺撒就任终身独裁官、表明无意恢复共和后，一个超越此前内战阵营的反对派迅速形成了。参加刺杀的有前庞培派，两位主角是恺撒的老情人塞尔维利娅之子马库斯·尤尼乌斯·布鲁图斯（Marcus Iunius Brutus）和估计是真正主谋的盖尤斯·卡西乌斯·朗吉努斯（Gaius Cassius Longinus），但是不止庞培派，连从前 50 年代起就忠于恺撒的内战战友盖尤斯·特雷博尼乌斯（Gaius Trebonius）和德西穆斯·尤尼乌斯·布鲁图斯（Decimus Iunius Brutus）等一批以前的恺撒派也参加了。这清楚地体现出刺杀恺撒的动机有一个本质，即主要是为了恢复元老院领导层视为天经地义的基本框架甚至是生存空间的共和国。连积极参与恺撒帝国建设的恺撒战友们最终也拒绝帝制，说明这批人的世界观在很大程度上受到其地位的影响。这一点估计他们自己也没意识到：他们以前一直效忠恩人恺撒并得到了回报；但是他们靠恺撒提携当上司法官甚至执政官后才发现履职的政治空间已经严重缩水，在这个层次上，他们开始怀念在基层时不甚关注的共和制自由了。

　　恺撒本人为刺杀行动提供了极大的便利，他解雇了原有的西班牙保镖，也不肯另用新人。恺撒对此举的解释凸显了他与死亡的关系，他说，死一回好过怕一世。恺撒明知自己不受某些圈子欢迎，却潇洒地忽视危险，这一点是可信的。他以一贯的自信态度为了不被视为暴君而宁愿放弃护卫，尽管此举明显有风险。不过恺撒显然也没想到看似听天由命的元老院成员会采取断然行动，这是一个误判。

　　共有约六十名男子参与弑君。3 月 15 日，元老院会议决定行动，三天后恺撒就要远征帕提亚了。当天早上恺撒觉得身体不适，想不好还去不去元老院，据说妻子卡尔普尼亚因为噩梦连连，恳求他别去。但是德西穆斯·布鲁图斯说服了恺撒，结果恺撒还是在中午11点左右动身去元老院了。据说路上还有人塞给恺撒一封透露刺杀计划的信，他收下了却未曾展读。恺撒抵达元老院后，特雷博尼乌斯约马库斯·安东尼乌斯在前厅谈话，好让安东尼乌斯无法阻拦刺客。提利乌斯·森伯尔（Tillius Cimber）恳求恺撒赦免其弟，同谋们假意为森伯尔求情，把恺撒团团围住。恺撒拒绝赦免。森伯尔马上按照约定暗号拽住恺撒的托加长袍，把袍子从恺撒脖子上扯下，刺客们立即挥舞刀剑刺杀。具有讽刺意味的是恺撒的血溅在庞培像上，正是庞培当年建造了这座议事厅并安放了自己的塑像。关于恺撒遗言的各种报道均不可信，恺撒似乎并未给后人留下任何遗言就死了。

完事后马库斯·布鲁图斯要对吓瘫了的元老院成员讲话，结果他们爬起来慌不择路地跑掉了。多为恺撒党人的元老院成员纷纷逃命，因为他们不知道刺客杀死恺撒后会不会接着杀他的朋友。

密谋者对刺杀后的行动计划甚少，这可能与罗马领导层广泛拥护共和反对帝制有关。对旧共和国的执着使他们看不到自身行为对无关人士的直接影响，也使他们看不清恺撒独裁的性质。布鲁图斯在演讲中说要按杀死暴君后的通常做法，拖着恺撒的尸体进行大规模游行，享受民众雷鸣般的掌声，然后弃尸台伯河。除了这篇演说辞，密谋者没有为后续事宜做更多准备。元老院成员在可以理解的恐惧中逃走而没有掀起爱国风暴，这一点似乎大大出乎刺客的意料。而恐慌情绪迅速蔓延，恺撒的死讯传出后，工匠商家关闭店铺，各色人等留守家中防御。密谋者在卡比托利欧广场召开民众集会，虽然他们说服与会者无须害怕，但是没能得到众人对刺杀恺撒的赞同。罗马市民先是感到震惊，后来却对这位大恩人的死深感悲痛，对于解放的激情表现得麻木不仁。这样一来，恺撒刺杀者的恢复共和之路已经走到了尽头。

此事体现了恺撒刺杀者乍看令人惊奇的严

重感知误判，这种误判是在罗马领导层盛行的自我视角绝对化的典型表现。由于民众偶尔表达对恺撒行为的不满，密谋者得出了民众彻底反对恺撒统治的结论。他们显然真心认为除了少数几个铁杆恺撒派，人人都同他们一样视恺撒政权为恨不得一举推翻的暴政。他们本以为能够得到罗马市民的积极支持，结果却发现罗马平民的诉求绝非用旧日寡头统治来替代慷慨大方的人民之友恺撒的仁政。

恺撒刺杀者刺杀成功后的政变失败表明广大民众是或积极或消极地支持帝制的，至少他们并不想改换体制。古今与恺撒及后继帝王政权对立的共和国自由几乎完全是统治阶级的自由，支持这种自由的恺撒刺杀者不得不亲身体会到多数公民并不介意对这种自由的损害。虽然上流社会对恺撒政府的攻讦表明这个新的权力关系在接受度上存在缺陷，但是广大民众的态度可以在一定程度上弥补这种攻讦。而且这种攻讦是必然的，对于一场深刻的政治变革，可能永远无法期待被夺权的旧时代精英能够赞同。而罗马领导层又不能简单地换掉，因为统治者还要依靠这些人。要让领导层也接受帝制，需要打更多内战并经历长期的适应和忍耐过程。自恺撒执政以来，军队和帝国民众一直依靠恺撒一人，他们相信自身利益会在帝制中得到保障，所以共和制浪漫主义不再有机会扭转乾坤。很快，跟随恺撒脚步的人得势上台，主要是安东尼乌斯和恺撒遗命收为养子和主要继承人的甥孙盖尤斯·屋大维（Gaius Octavius）。后来屋大维荣获敬称"奥古斯都"（Augustus），巩固了帝制。刺杀恺撒的布鲁图斯和卡西乌斯再次发难，具有讽刺意味的是，两人当时已经变成了同那些争坐恺撒宝座的罗马领导人一样专横独断、无视共和国法规的人。

从共和到帝制的剧变不只包括恺撒的终身独裁，独裁者一死，终身独裁官一职也就没了，但是有些变了的制度再也变不回去了。若非存在历史进程的某些发展状况，无法想象会发生此类剧变，也就是说，这是一个为辞旧迎新做准备的历史阶段。罗马帝制其实并非从天而降，恺撒在历史进程中所起的作用也不在于共和制被帝制取代，而是共和制在这一时刻被取代。

恺撒的罪责当然不小，是他于前49年导致整个环地中海地区战火连天和数十万人丧生，此种恶行永远不容辩解。不过，处于了解事态发展结果这一有利地位的后世历史学家可以在评价时引入一个对当时民众来说意味着希望的标准，即赫尔曼·斯特拉斯伯格（Hermann Strasburger）在《同时代人眼中的恺撒》一书第76页所述的"较之旧生活对多数帝国居民福祉的更好保障"。尽管很难准确估计，但是帝国时期的罗马与共和国时代相比的确获得了长足进步。从这一全球视角来看，似乎可以对古罗马由共和制转为帝制做出正面评价，因丧失自由而受损的只是一个声音很大但规模很小、用了很长时间才真正适应这一变化的领导阶层。

因此，若是只看结果，就无须否定恺撒对共和国衰落和罗马转为帝制的促进，不过恺撒是否如其拥护者所述至少预见到了部分的后世发展，只有恺撒本人才知道。若是用共时和历时即古今两种标准比较恺撒的行为与刺杀者的行为，就会出现一个明显的悖论：恺撒为了实现自己的主张而使罗马世界陷入内战，在同时代人眼里犯了罪，刺杀恺撒按当时标准是善举，因为独裁被视为恶；而若看后世的长期发展，为罗马帝国统治奠基的恺撒帝制却远优于刺杀者的恢复共和梦，这个无望实现的梦只给罗马世界带来了原本或可避免的十年血腥内战。由于无法同时涵盖这两个层面，用任何一种标准均无法对行动的正义性做出明确判断。因此，与多数伟人一样虽非光辉英雄却是闪亮奇人的恺撒也理应在世界历史的荣誉长卷中占有一席之地。

前100年7月13日　恺撒出生。

前84年　　　　　娶秦纳之女科涅莉亚（后得女尤
　　　　　　　　莉娅）；任朱庇特祭司。

前82~前80年　　苏拉独裁，被公敌杀手追杀，靠
　　　　　　　　贿赂幸免于难。

前80年　　　　　在小亚细亚荣获公民桂冠。

前77年　　　　　控告格内乌斯·科尔内利乌斯·多
　　　　　　　　拉贝拉（此人被判无罪）。

前75年　　　　　遭海盗劫持，赴罗得岛做文化旅行。

前73年　　　　　被增选为大祭司。

前72年　　　　　当选军事保民官。

前69年　　　　　任西班牙行省财务官。

前67年　　　　　娶庞培娅；庞培打击海盗。

前66~前62年　　庞培整顿东方。

前65年　　　　　当选贵族市政官。

前 63 年	当选大祭司长。
前 63 年下半年	喀提林阴谋和伊特鲁里亚起义。
前 62 年	任司法官。
前 61 年	任西班牙总督。
前 60 年	当选执政官，恺撒、庞培和克拉苏结盟（"前三头同盟"）。
前 59 年	首任执政官；娶卡尔普尼亚。
前 58 年	任纳博讷高卢、山南高卢和伊利里库姆总督；攻打赫尔维提人；讨伐阿里奥维斯特。
前 57 年	攻打贝尔格人。
前 56 年	拉文纳和卢卡会晤，巩固三巨头联盟；攻打弗内特人；征服阿基坦。
前 55 年	庞培和克拉苏二度当选执政官；恺撒总督权延期；攻打乌西皮人和滕克特里人；首渡莱茵河；首征不列颠。
前 54 年下半年	二征不列颠；高卢动乱，一个半军团被厄布隆尼斯人全歼；女儿尤莉娅去世。

前 53 年	征讨叛乱部落；二渡莱茵河；克拉苏在攻打帕提亚时阵亡。
前 52 年	克洛狄乌斯被杀；庞培第三次出任执政官；维钦托利起义，恺撒在格尔果瓦战败后在阿莱西亚获胜，维钦托利投降。
前 51 年	高卢决战，乌克赛洛杜努姆立威。
前 50 年	恺撒总督数次险些被解职，库里奥巧护恺撒。
前 49 年	罗马宣布紧急状态，向恺撒发出最后通牒；恺撒发动内战（1 月 10 日）占领意大利，庞培退守希腊，恺撒在西班牙获胜（伊列达战役）；普莱森奇亚兵变；恺撒首任独裁官（11 天）。
前 48 年	恺撒二度出任执政官；渡海到希腊，底耳哈琴反击，法萨卢斯大捷（8 月 9 日），庞培逃亡埃及遇害（9 月 28 日）；恺撒登陆亚历山大城，亚历山大城战争爆发；恺撒被任命为一年独裁官。

前 47 年	获得增援，尼罗河战役获胜（3月 27 日）；克利奥帕特拉七世加冕；前往小亚细亚，在泽拉击败法尔奈克；罗马动乱，坎帕尼亚兵变，恺撒返回意大利处置；渡海前往非洲。
前 46 年	第三次出任执政官；在塔普索斯击败庞培派（4 月 6 日）；被任命为十年独裁官；在罗马举办四场凯旋式；庞培二子在西班牙恢复元气，恺撒被迫出征。
前 45 年	第四次出任执政官；蒙达战役获胜（3 月 17 日）；荣誉和权力泛滥（狂热崇拜、终身独裁、独掌军权和财权）。
前 44 年	第五次出任执政官；计划出征帕提亚；出任终身独裁官（在 2 月 9 日和 15 日之间）；在牧神节上拒绝称帝（2 月 15 日）；三月望日（3 月 15 日）遇刺身亡。

A. Alföldi, Caesar in 44 v. Chr., I: Studien zu Caesars Monarchie und ihren Wurzeln, aus dem Nachlaß hg. v. H. Wolff/E. Alföldi-Rosenbaum/ G. Stumpf, Antiquitas III 16, Bonn 1985

H. Botermann, Denkmodelle am Vorabend des Bürgerkrieges (Cic. Att. 7,9). Handlungsspielraum oder unausweichliche Notwendigkeit?, in: Historia 38, 1989, 410–430

H. Bruhns, Caesar und die römische Oberschicht in den Jahren 49– 44 v. Chr. Untersuchungen zur Herrschaftsetablierung im Bürgerkrieg, Hypomnemata 53, Göttingen 1978

F. Cairns/E. Fantham (Hgg.), Caesar against Liberty? Perspectives on His Autocracy, Cambridge 2003

K. Christ, Krise und Untergang der Römischen Republik, 7. Aufl. Darmstadt 2008

ders., Caesar. Annäherungen an einen Diktator, München 1994

W. Dahlheim, Julius Caesar. Die Ehre des Kriegers und die Not des Staates, Paderborn 2005

J. Deininger, Zur Kontroverse über die Lebensfähigkeit der Republik in Rom, in: Imperium Romanum. Studien zu Geschichte und Rezeption, Festschrift für K. Christ zum 75. Geburtstag, hg. v. P. Kneissl/V. Losemann, Stuttgart 1998, 123–136

M. H. Dettenhofer, Perdita Iuventus. Zwischen den Generationen von Caesar und Augustus, Vestigia 44, München 1992

H. I. Flower, Roman Republics, Princeton/Oxford 2010

M. Gelzer, Die Nobilität der römischen Republik, in: ders., Kleine Schriften 1, Wiesbaden 1962, 17–135 [zuerst 1912]

ders., War Caesar ein Staatsmann?, in: ders., Kleine Schriften 2, Wiesbaden 1963, 286–306 [zuerst 1954]

ders., Caesar. Der Politiker und Staatsmann, Neudr. d. Ausg. von 1983 mit einer Einführung und einer Auswahlbibliographie, hg. v. E. Baltrusch, Stuttgart 2008

ders., Cicero. Ein biographischer Versuch, Wiesbaden 1969

ders., Pompeius. Lebensbild eines Römers, Nachdr. d. auf d. 2. überarb. Aufl. von 1959 basierenden Paperback-Ausg. von 1973, erg. um d. Nachlaß von M. Gelzer, durchges. u. mit einer Bibliographie ausgestattet von E. Herrmann-Otto, Stuttgart 1984

H. Gesche, Caesar, Erträge der Forschung 51, Darmstadt 1976

K. M. Girardet, Politische Verantwortung im Ernstfall. Cicero, die Diktatur und der Diktator Caesar, in: Lenaika. Festschrift für C. W. Müller zum 65. Geburtstag am 28. Januar 1996, hg. v. Chr. Mueller-Goldingen/ K. Sier, Beiträge zur Altertumskunde 89, Stuttgart / Leipzig 1996, 217– 251 ders., Caesars Konsulatsplan für das Jahr 49: Gründe und Scheitern, in: Chiron 30, 2000, 679–710

A. Goldsworthy, Caesar. The Life of a Colossus (2006), Paperback London 2007

M. Griffin (Hg.), A Companion to Julius Caesar, Oxford 2009

E.S. Gruen, The Last Generation of the Roman Republic, Berkeley 1974

H. Heinen, Rom und Ägypten von 51 bis 47 v. Chr. Untersuchungen zur Regierungszeit der 7. Kleopatra und des 13. Ptolemäers (1966), in: ders., Kleopatra-Studien. Gesammelte Schriften zur ausgehenden Ptolemäerzeit, Konstanz 2009, 13–153

A. Heuß, Der Caesarismus und sein antikes Urbild, in: Geschichte und Gegenwart. Festschrift für K. D. Erdmann, Neumünster 1980, 13–40

M. Jehne, Der Staat des Dictators Caesar, Passauer historische Forschungen 3, Köln u. a. 1987

ders., Die Ermordung des Dictators Caesar und das Ende der römischen Republik, in: U. Schultz (Hg.), Große Verschwörungen. Staatsstreich und Tyrannensturz von der Antike bis zur Gegenwart, München 1998, 33–47; 256–261

ders., Der große Trend, der kleine Sachzwang und das handelnde Individuum. Caesars Entscheidungen, München 2009

ders., Der Dictator und die Republik. Wurzeln, Formen und Perspektiven von Caesars Monarchie, in: Zwischen Monarchie und Republik. Gesellschaftliche Stabilisierungsleistungen und politische Transformationspotentiale in den antiken Stadtstaaten, hg. von B. Linke/M. Meier/M. Strothmann, Stuttgart 2010, 187–211

ders., Caesars Rolle im Geschichtsprozeß, in: Gymnasium 118, 2011, 257–276

U. Maier, Caesars Feldzüge in Gallien (58–51 v. Chr.) in ihrem Zusammenhang mit der stadtrömischen Politik, Saarbrücker Beiträge zur Altertumskunde 29, Bonn 1978

Chr. Meier, Pompeius' Rückkehr aus dem mithridatischen Kriege und die catilinarische Verschwörung, in: Athenaeum 50, 1962, 103–125

ders., Caesars Bürgerkrieg, in: ders., Entstehung des Begriffs ‚Demokratie'. Vier Prolegomena zu einer historischen Theorie, Frankfurt a. M. 1970, 70–150

ders., Das Kompromiss-Angebot an Caesar i. J. 59 v. Chr., ein Beispiel senatorischer ‚Verfassungspolitik', in: Museum Helveticum 32, 1975, 197–208

ders., Res publica amissa. Eine Studie zur Verfassung und Geschichte der späten römischen Republik, 2. Aufl. Frankfurt a. M. 1980

ders., Caesar, Berlin 1982

Eduard Meyer, Caesars Monarchie und das Principat des Pompejus. Innere Geschichte Roms von 66 bis 44 v. Chr., 3. Aufl. 1922, Nachdruck Darmstadt 1978

R. Morstein-Marx, Caesar's Alleged Fear of Prosecution and his *Ratio Absentis* in the Approach to the Civil War, in: Historia 56, 2007, 159–178

K. Raaflaub, Dignitatis contentio. Studien zur Motivation und politischen Taktik im Bürgerkrieg zwischen Caesar und Pompeius, Vestigia 20, München 1974

H. Strasburger, Caesars Eintritt in die Geschichte, in: ders., Studien zur Alten Geschichte I, Hildesheim/New York 1982, 181–327 [zuerst 1938]

ders., Caesar im Urteil seiner Zeitgenossen, erweiterte Neuaufl. Darmstadt 1968 [zuerst 1953]

ders., Ciceros philosophisches Spätwerk als Aufruf gegen die Herrschaft Caesars, hg. v. G. Strasburger, Spudasmata 45, Hildesheim 1990

R. Syme, Die Römische Revolution. Machtkämpfe im antiken Rom, Stuttgart 2003 [engl. 1939, 2. Aufl. 1952]

W. J. Tatum, Always I am Caesar, Oxford 2008

G. Urso (Hg.), Cesare: precursore o visionario?, Atti del convegno internazionale, Cividale del Friuli, 17–19 settembre 2009, Milano 2010

St. Weinstock, Divus Julius, Oxford 1971

K. Welch (Hg.), Julius Caesar as Artful Reporter. The War Commentaries as Political Instruments, London 1998

K.-W. Welwei, Caesars Diktatur, der Prinzipat des Augustus und die Fiktion der historischen Notwendigkeit, in: Gymnasium 103, 1996, 477–497

W. Will, Julius Caesar. Eine Bilanz, Stuttgart u. a. 1992

B. Woytek, Arma et Nummi. Forschungen zur römischen Finanzgeschichte und Münzprägung der Jahre 49 bis 42 v. Chr., Wien 2003

Z. Yavetz, Caesar in der öffentlichen Meinung, Schriftenreihe des Instituts für Deutsche Geschichte Universität Tel Aviv 3, Düsseldorf 1979

索 引

（此部分页码为德文版页码，即本书页边码。）

作者简介

马丁·耶内（Martin Jehne），1955年出生，德累斯顿工业大学古代史教授，重点研究罗马共和国政治制度和罗马从共和国向帝国的转变，所著《独裁者恺撒之国》已名列经典书籍，另外还出版了《罗马共和国：从建国到恺撒》（2013年）等著作。

译者简介

黄霄翎，浙江杭州人，德国驻上海总领事馆资深翻译，上海翻译家协会会员。著有《译家之言——德语口译》、《同传十讲：资深高翻黄霄翎带你入行》。译有《黑塞童话集》《特洛伊的秘密》《幸福》等。获2006年"字谜"德汉翻译比赛优胜奖和2017年德译中童书翻译奖。

图书在版编目(CIP)数据

恺撒 / (德) 马丁·耶内著；黄霄翎译. -- 北京：
社会科学文献出版社, 2021.6
（生而为王：全13册）
ISBN 978-7-5201-8346-8

Ⅰ. ①恺… Ⅱ. ①马… ②黄… Ⅲ. ①恺撒(Caesar,
Gaius Julius 前100-前44)-传记 Ⅳ. ①K835.467=2

中国版本图书馆CIP数据核字（2021）第092710号

生而为王：全13册
恺　撒

著　者 / 〔德〕马丁·耶内
译　者 / 黄霄翎

出 版 人 / 王利民
组稿编辑 / 段其刚
责任编辑 / 周方茹
文稿编辑 / 陈嘉瑜

出　　版 / 社会科学文献出版社·联合出版中心（010）59367151
　　　　　　地址：北京市北三环中路甲29号院华龙大厦　邮编：100029
　　　　　　网址：www.ssap.com.cn
发　　行 / 市场营销中心（010）59367081　59367083
印　　装 / 北京盛通印刷股份有限公司

规　　格 / 开　本：889mm×1194mm 1/32
　　　　　　本册印张：4.75　本册字数：67千字
版　　次 / 2021年6月第1版　2021年6月第1次印刷
书　　号 / ISBN 978-7-5201-8346-8
著作权合同 / 图字01-2019-3622号
登 记 号
定　　价 / 498.00元（全13册）

本书如有印装质量问题，请与读者服务中心（010-59367028）联系